Marina Owsjannikowa

ZWISCHEN GUT UND BÖSE

© 2023 Langen Müller Verlag GmbH, München
Alle Rechte vorbehalten

Umschlaggestaltung: Büro Jorge Schmidt, München
Umschlagmotive: © Bernd Feil / picture alliance / M.i.S (vorne);
© Natalia Kolesnikova / AFP / Getty Images (hinten)
Innengestaltung und Satz: Sibylle Schug
Druck und Binden:
Friedrich Pustet GmbH & Co. KG, Regensburg
Printed in Germany
ISBN: 978-3-7844-3672-2
www.langenmueller.de

Marina Owsjannikowa

ZWISCHEN GUT UND BÖSE

Wie ich mich endlich der
Kreml-Propaganda entgegenstellte

LANGENMÜLLER

Sobald ihr handeln wollt,
müßt ihr die Tür zum Zweifel
verschließen.

Verbrennen mußt du dich wollen
in deiner eignen Flamme:
wie wolltest du neu werden, wenn du
nicht erst Asche geworden bist!

Friedrich Nietzsche

Inhalt

1. Protest ist Selbstmord

Montag, 14. März 2022

»Drei, zwei, eins ... Moderatorin im Bild!«, ruft der Regisseur aus dem Regieraum des Studios. Seine Stimme ist angespannt, aber fest. Er hat schon Tausende Live-Sendungen geleitet. Vor meinen Augen befindet sich eine Wand aus Monitoren.

»Die Sendung *Wremja* wird ausgestrahlt. Jekaterina Andrejewa ist im Studio«. Die Moderatorin trägt heute eine schwarze Jacke mit einem weißen T-Shirt, auf dem ein rotes Herz abgebildet ist. Seit Beginn des Krieges hat sie jeden Tag ein T-Shirt wie dieses während der Sendung getragen. Jeden neuen Tag ein neues T-Shirt und ein neues Herz.

Die Zeilen laufen zügig über den Bildschirm des Teleprompters. Andrejewa betont jedes Wort:

»Wichtigste Ereignisse des Tages: ein Angriff auf Zivilisten. Dutzende von Menschen, darunter auch Kinder, starben in Donezk nach dem Beschuss durch ukrainische Nationalisten ...«

»Sie hoben die Blockade von Mariupol auf und begannen mit der Massenevakuierung von Zivilisten, die von den Neonazis als Geiseln gehalten wurden.«

»Elf weitere Soldaten, die sich während der militärischen Spezialoperation ausgezeichnet haben, wurden mit Tapferkeitsmedaillen geehrt ...«

Es ist 21.01 Uhr. Noch etwa eine Stunde, dann ist der Tag zu Ende. In der großen Nachrichtenredaktion stehen hinter dem Moderator mehrere Redakteure. Wenn die Kamera die Gesamtansicht aufnimmt, kann man sehen, wie sie konzentriert auf ihre Computerbildschirme starren. Die Zuschauer denken, dass die Leute im Studio den Livestream beobachten oder die Nachrichten verfolgen. In Wirklichkeit kaufen sie online ein, buchen Hotels und suchen nach einem schnelleren Weg, um den abendlichen Stau zu umgehen. Keine Geräusche von außen erreichen Jekaterina Andrejewa. Ihr Sitz ist durch eine hohe Glaswand abgeschirmt.

Ein Polizist sitzt sieben Meter von der Moderatorin entfernt und stöbert träge in seinem Handy. Außerhalb der Nachrichtenredaktion gibt es zwei weitere Sicherheitsposten. Drei Sicherheitsleute des eigenen Sicherheitsdienstes von Channel One, alle in schwarze Anzüge gekleidet, starren gelangweilt in die Runde. Sie kennen jeden Mitarbeiter der Direktion für Nachrichtensendungen vom Sehen, verlangen aber trotzdem jedes Mal einen Ausweis. Das Fernsehzentrum ist von einem Stacheldrahtzaun und zwei weiteren Sicherheitsringen umgeben.

Ich sitze in dem kleinen Büro der internationalen Nachrichtenredaktion und versuche mich zu konzentrieren, während ich die Online-Übertragung der Sitzung des UN-Sicherheitsrats zur Lage in der Ukraine verfolge. Vor mir befinden sich mehrere Monitore mit Bildern von Reuters, Sky News und Eurovision. Es herrscht Krieg. Es gibt schreckliche Bilder von zerstörten ukrainischen Städten, von Leichen, die regungslos am Boden liegen, von Explosionen und einem endlosen Strom von Flüchtlingen. Channel One hat ein Abonnement für diese Videos und kann sie frei verwenden. Wir zeigen jedoch nur Bilder, die vom russischen Verteidigungsministerium oder dem FSB (Inlandsgeheimdienst der Russischen Föderation) stammen oder von unseren eigenen Korrespondenten gefilmt wurden. Unsere Hauptaufgabe besteht darin, eine parallele Realität zu schaffen und den Krieg wie eine Operation zur Befreiung der Zivilbevölkerung im Donbass aussehen zu lassen.

Wenige Minuten vor Beginn der Live-Sendung erhalte ich eine Aufforderung über die Sprechanlage: »Marina ... wir müssen die Rede von Nebensja noch einmal überarbeiten, ein anderes Fragment nehmen, über den Tod eines amerikanischen Journalisten«, ruft der *Wremja*-Chefredakteur laut ins Mikrofon.

Wassili Nebensja, der ständige Vertreter Russlands bei der UNO, hat soeben erklärt, dass der Journalist Brent Reno in Irpin durch eine ukrainische Kugel getötet wurde, nicht durch eine russische. Diese Worte müssen dringend verbreitet werden. Alles, was gegen die Ukraine sprechen könnte, wird sorgfältig aus dem riesigen Informationsangebot herausgefiltert und gesendet.

Ich renne in den Schneideraum. Ein rotes Licht blinkt an der Tür der Nachrichtenredaktion. Der Zugang zum Sendebereich ist nur mit einem speziellen elektronischen Ausweis möglich. Ich habe einen. »Wir machen Nebensja neu, ich muss mich beeilen«, sage ich dem Redakteur, während ich mit den Augen den Bildschirm überfliege. Der ukrainische Block ist bald zu Ende, ich habe nicht viel Zeit.

Ich fliege in halsbrecherischer Geschwindigkeit in mein Büro und schnappe mir meine weiße Jacke. Im Ärmel steckt ein aufgerolltes Poster. In der Nachrichtenredaktion angekommen ziehe ich es heraus und gehe schnell zum Podium, wo die Moderatorin sitzt. Dutzende von Scheinwerfern treffen meine Augen –

»... wie man die Auswirkungen der westlichen Sanktionen abmildern kann ...«, liest Andrejewa monoton ...

»Kein Krieg! Stoppt den Krieg!«, rufe ich und entrolle ein riesiges Transparent hinter ihrem Rücken. Und ich erkenne meine eigene Stimme nicht.

Andrejewa liest weiter lässig vom Teleprompter ab: »... und bei einem Treffen von Regierungsvertretern wurde erörtert, wie der Zugang erhalten werden kann ...«

Ich stelle fest, dass eine andere Kamera in Betrieb ist. Das rote Licht befindet sich auf der linken Seite, was bedeutet, dass das Plakat während der Sendung hinter dem Rücken der Moderatorin nicht sichtbar ist. Ich gehe einen Schritt nach links, damit die Zuschauer das Schild sehen können: »NO WAR. Den Krieg beenden. Glauben Sie der Propaganda nicht. Sie werden hier belogen. RUSSIANS AGAINST WAR.«

Aus den Augenwinkeln sehe ich mich selbst auf dem Monitor, aber das Bild ändert sich sofort. Der Sendeleiter im Regieraum hat reagiert und eine Art Reportage gestartet, um zu verbergen, was im Studio vor sich geht. Mein Protest dauert nur sechs Sekunden.

Ich verlasse das Studio auf wackeligen Beinen. Die blonde Polizistin klimpert überrascht mit den Wimpern und schaut stumm in meine Richtung. Ich gehe durch die Redaktion und lege das Plakat neben dem Kopierer unter der Treppe ab. Das gesamte Management der Nachrichtenredaktion von Channel One kommt mir bereits im Korridor entgegen.

»Waren Sie das?«, kommt die erste Frage. Das Gesicht des stellvertretenden Direktors ist angespannt, seine Augenbrauen sind zusammengezogen.

»Ja, ich war's«, es hat keinen Sinn, es zu leugnen.

Als Nachrichtenchef Kirill Kleimenow meine Antwort hört, dreht er sich plötzlich um und geht, ohne ein Wort zu sagen, davon.

»Lassen Sie uns in mein Büro gehen«, sagt Alexej* (Name geändert), sein anderer Stellvertreter.

Dieser gut aussehende Mann arbeitete viele Jahre lang als Korrespondent von NTV Russia (russischer Fernsehsender) in London. Wir gehen in sein geräumiges Büro.

»Möchten Sie etwas Wasser?«, fragt Alexej. Ich nehme das Glas, das mir gereicht wird. Meine Hände zittern, und ich kann vor Nervosität kaum trinken. Die Tür öffnet sich, ein Polizist betritt fast lautlos das Büro und bleibt wie ein Schatten, ohne ein Wort zu sagen, an der Tür stehen.

»Ist Ihnen klar, dass Sie Ihre Kollegen gefährdet haben?«, beginnt Alexej.

»Das ist meine persönliche Entscheidung, sie haben damit nichts zu tun.«

»Stehen Sie in irgendeinem Konflikt mit Ihren Kollegen?«, fährt er fort.

»Nein, ich bin ein völlig friedlicher und konfliktfreier Mensch.«

»Vielleicht haben Sie Verwandte in der Ukraine?«

»Ja, ich habe zwei Cousinen, die in der Ukraine leben. Gott sei Dank sind sie an einem sicheren Ort. Suchen Sie nicht nach persönlichen Motiven, ich habe kaum Kontakt zu ihnen und bin seit zwanzig Jahren nicht mehr in der Ukraine gewesen. Ich habe lediglich gegen den Krieg protestiert, denn ich halte diesen Krieg für das schlimmste Verbrechen des einundzwanzigsten Jahrhunderts.«

»Ich hätte Sie gerne aus einem anderen Grund getroffen... Aber jetzt gibt es keine andere Möglichkeit, als dass Sie auf eigenen Wunsch kündigen...«, fordert der stellvertretende Nachrichtenchef.

Ich weigere mich, dies ohne Anwälte zu tun. Dann bittet Alexej mich, wenigstens einen erklärenden Brief zu schreiben.

Ich schreibe ein paar Zeilen: »Ich, Marina Wladimirowna Owsjannikowa, bin mit der Informationspolitik von Channel One nicht einverstanden. Ich halte den von Russland entfesselten Krieg für das verabscheuungswürdigste und schrecklichste Verbrechen. Und Sie alle werden auf der Anklagebank des Internationalen Strafgerichtshofs in Den Haag sitzen.«

Ich reiche dem Chef das Blatt und bin überrascht über meine eigene Dreistigkeit. Vor ein paar Tagen wurde ein neuer Artikel ins Strafgesetzbuch über Fake News aufgenommen. Für einen Anti-Kriegs-Protest, der live im Fernsehen übertragen wurde, könnte ich für 15 Jahre ins Gefängnis kommen.

Ein Polizist führt mich aus dem Büro. Hinter den Türen befinden sich weitere Polizisten und Sicherheitsbeamte des internen Sicherheitsdienstes von Channel One. Sie sehen mich mit entsetzten Augen an.

»Ich muss meine Sachen holen«, sage ich zu den Männern in Uniform.

Ich werde durch einen breiten Korridor mit Glaswänden geführt. Wir betreten den gemeinsamen Redaktionsbereich. Es befinden sich zehn Personen darin. Auf den Gesichtern meiner Kollegen ist ein Ausdruck von Angst und Verwirrung zu erkennen. Mir fallen zwei Mitarbeiter der Eliteabteilung von Garant TV auf. Es handelt sich um eine Abteilung, die ausschließlich Präsident Putin und den Spitzenbeamten des Kremls dient. Dort arbeiten nur die erfahrensten und am besten überprüften Mitarbeiter. Ähnliche Abteilungen gibt es auf allen staatlichen Kanälen. Garant TV ist eine inoffizielle Bezeichnung, die sich auf das Grundgesetz des Landes bezieht, wonach der Präsident der Hauptgarant der Verfassung ist. Um Putin an der Macht zu halten, ist die russische Verfassung bereits zweimal geändert worden.

Meine Kollegen scheinen langsam zu begreifen, dass sie nicht so bald nach Hause gehen können. Die Ermittler werden sie die ganze Nacht befragen. Es wird keine Live-Übertragungen mehr geben. Alle Nachrichtensendungen werden ab diesem Tag mit einer leichten Verzögerung ausgestrahlt.

Ich packe meine Sachen und mache mich auf den Weg zum Ausgang. Auf einer weißen Tafel steht in großen Lettern die Mahnung der Führung: »Dies ist kein ›Krieg‹, sondern eine ›militärische Spezialoperation‹.«

2. Für wen arbeiten Sie?

Zwei Polizisten führen mich den langen Korridor des Fernseh-zentrums entlang ...

Ein Bild des Anti-Kriegs-Protestes wird bereits von allen führenden Fernsehsendern der Welt ausgestrahlt. Hunderte von Menschen schreiben in den Sozialen Medien Worte des Dankes. Vor dem Ostankino-Fernsehzentrum, so erfahre ich später, steht ein Mann mit einem Strauß weißer Rosen, die er mir als Zeichen des Dankes schenken will.

Wir gehen in die Polizeistation, die sich direkt im Gebäude befindet. Drinnen herrscht Tumult. Die Telefone klingeln un-unterbrochen. Einige Männer in Zivil kommen an. Sie schen-ken mir nicht die geringste Aufmerksamkeit. Mir ist klar, dass ich keine Minute zu verlieren habe. Ich hole heimlich mein Handy aus der Tasche, öffne mein Social-Media-Konto und poste die Videobotschaft, die ich zu Hause aufgenommen habe: »Was gerade in der Ukraine geschieht, ist ein Verbre-chen. Russland ist das Aggressorland. Dieses Verbrechen hat nur eine Person zu verantworten. Und diese Person ist Wla-dimir Putin.

Mein Vater ist Ukrainer, meine Mutter ist Russin, und sie waren nie Feinde. Die Kette um meinen Hals (in den Farben der russischen und ukrainischen Flagge) trage ich als Symbol dafür, dass Russland den Bruderkrieg sofort be-enden muss, damit sich unsere Brüdervölker noch versöh-nen können.

Leider habe ich in den letzten Jahren bei Channel One ge-arbeitet und Kreml-Propaganda gemacht, wofür ich mich jetzt sehr schäme. Ich schäme mich, dass ich zugelassen habe, dass

13

Lügen im Fernsehen erzählt werden. Ich schäme mich, dass ich zugelassen habe, dass das russische Volk zombifiziert wird.

2014, als alles begann, haben wir geschwiegen. Wir sind nicht zu Kundgebungen gegangen, als der Kreml Nawalny vergiftete, und haben diesem menschenfeindlichen Regime schweigend zugesehen. Nun hat sich die ganze Welt von uns abgewandt. Und zehn weitere Generationen unserer Nachkommen werden die Schande dieses Bruderkriegs nicht wegwaschen können.

Wir Russen, die wir denken und intelligent sind, haben es allein in der Hand, diesen Wahnsinn zu stoppen. Kommt zu den Kundgebungen, habt keine Angst vor irgendetwas, sie können uns nicht alle in den Knast stecken.«

Das Video lädt sehr langsam … Ich sehe mich um und bemerke, dass einer der Polizisten in meine Richtung starrt. Ich erschaudere instinktiv …

»Marina, geht es dir gut? Hast du einen Anwalt?«, erscheint auf dem Bildschirm eine Nachricht einer ehemaligen Kollegin. Nachdem Putin den Krieg im Donbass entfesselt hatte, hatte sie den staatlichen Fernsehsender verlassen und sich der Opposition angeschlossen. Ich schicke ihr schnell das Video.

»Marina, wo bist du?« Ich sehe eine Nachricht von Igor Riskin, dem ehemaligen Channel One-Korrespondenten in Washington. Er lebt mit seiner Familie schon seit langem in den USA.

»Ich bin bei der Polizei in Ostankino«, gelingt es mir zu schreiben. Und für den Fall der Fälle schicke ich ihm auch das Video.

»Schalten Sie sofort Ihr Telefon aus«, höre ich eine fordernde Männerstimme. Ich schaue auf und sehe einen kleinen Mann, der einen schwarzen Ordner unter dem Arm trägt.

»Warum haben Sie das getan? Haben Sie allein gehandelt oder hat Ihnen jemand geholfen?«

Ich sage ihm die ganze Wahrheit: »Ich war allein, niemand wusste von meinen Absichten, in die Live-Sendung einzugreifen. Als der Krieg begann, erlitt ich einen schweren emotionalen Schock, ich konnte nicht essen, trinken oder schlafen. Ich wollte zum Maneschnaja-Platz gehen, aber ich sah, dass Rosgwardija-Soldaten (Nationalgarde) alle Demonstranten festhielten und in Polizeiwagen warfen. Dann habe ich beschlossen, dass ich einen wirksameren Protest einlegen kann.

Das war mein Wochenende: Ich habe Papier und Filzstifte gekauft und dieses Poster auf meinen Küchentisch gemalt. Unmittelbar danach habe ich eine Videobotschaft aufgenommen. Zuerst wollte ich mich in den Nachrichtenraum zurückziehen, aber im letzten Moment entschied ich mich, mich direkt hinter die Moderatorin zu stellen. Ich war mir sogar zu 90 Prozent sicher, dass ich das nicht schaffen würde – entweder würde ich es einfach nicht ins Studio schaffen oder meine Knie würden im letzten Moment zittern, oder der Regisseur würde mich schnell aus dem Bild entfernen.«

Es kommen immer mehr Leute ins Büro. Sie repräsentieren unterschiedliche Machtstrukturen, aber sie stellen alle die gleichen Fragen: »Warum ist die Schrift auf Englisch?«

»Auf Englisch ist es eine Botschaft an die westliche Öffentlichkeit, dass die Russen gegen den Krieg sind, dass sie diesen Krieg nicht wollen. Es gibt nur eine Person, die diesen Krieg will – Wladimir Putin, denn er will die Macht in seinen Händen behalten. Und für die zombifizierten Russen der Propaganda schrieb ich ganz einfach: ›Ihr werdet hier belogen!‹ Ich wollte nur, dass sie nicht auf diese Propaganda hereinfallen und sich alternative Informationsquellen suchen. Dass sie zu vergleichen und zu analysieren lernen.«

Ich schweige eine Sekunde lang. Die Zeiger der Uhr an der Wand nähern sich Mitternacht. Die Ermittler schreiben fleißig etwas in ihre Berichte.

»Ich möchte einen Anwalt anrufen, geben Sie mir das Telefon!«, fordere ich.

Sie schlagen mir vor, meinen Anwalt an einem anderen Ort zu treffen. Wir gehen zum hinteren Teil des Fernsehzentrums und steigen in ein Auto ein.

»Wohin fahren wir?«, frage ich beunruhigt.

Meine Begleiter sind mürrisch still. Ich behalte meine Augen auf der Straße. Links sind die Hochhäuser zu sehen, rechts leuchtet der Ostankino-Fernsehturm mit seinen Werbelichtern. Der Wagen fährt auf das für Autos gesperrte Gelände des All-russischen Ausstellungszentrums und hält neben einem grauen zweistöckigen Gebäude, das durch einen Sichtschutzzaun vor neugierigen Blicken verborgen ist. Auf einem großen Schild an der Fassade steht: Polizeidienststelle.

»Wow«, wundere ich mich, »ich bin schon so oft hier entlanggelaufen, aber ich hatte keine Ahnung, dass es im Park eine Polizeistation gibt.«

Wir betreten das Gebäude. Außer dem diensthabenden Mann ist keine Menschenseele zu sehen.

»Wo ist der Anwalt?« Ich sehe mich in dem kleinen Büro um, in dem sich die Papiere stapeln. Meine Frage bleibt unbeantwortet. Der Ermittler schließt die Tür fest zu und erklärt mir mit belegter Stimme, dass er vom Zentrum für Extremismusbekämpfung kommt. »Ist dies ein Verhör? Lassen Sie mich wenigstens meinen Sohn anrufen. Er macht sich Sorgen, weil ich normalerweise um diese Zeit von der Arbeit nach Hause komme.«

»Das ist kein Verhör, sondern nur ein freundliches Gespräch«, sagt der Ermittler und lächelt wie ein alter Freund. »Sie sehen, ich schreibe nichts. Ich möchte nur verstehen, warum Sie es getan haben. Wer ist der Auftraggeber?«

»Mein Gewissen! Haben Sie das Wort schon mal gehört? Ich bin erwachsen und treffe alle meine Entscheidungen selbst.

Noch einmal: Es war meine persönliche Entscheidung. Der Krieg war der Punkt, an dem es kein Zurück mehr gab. Es war nicht mehr möglich, zu schweigen. In den letzten zwanzig Jahren hat Putin alle unabhängigen Medien in Russland zerstört. Es begann mit der Zerschlagung von NTV Russia, dann kam die Zerstörung von TV Doschd, von Echo Moskwy, es gibt keine oppositionellen Medien mehr in Russland. Das gesamte Fernsehen ist in staatlicher Hand.

Nach dem Maidan wurde die Ukraine zu einem Hauptfeind des Kremls. Seit acht Jahren tun die staatlichen Medien alles, um die Ukrainer zu entmenschlichen und den Hass der Russen auf sie zu schüren. Wenn wir etwas über die Ukraine und ihre Bewohner sagten, benutzten wir nur die Worte ›Nationalisten‹, ›Anhänger von Bandera‹ (1909–1959, nationalistischer ukrainischer Politiker und Partisanenführer), ›Anhänger des Rechten Sektors‹ und ›Kämpfer des Regiments Asov‹ (ukrainisches Freiwilligenbataillon). Der Präsident eines unabhängigen Landes, Wolodymyr Selenskyj, wurde in der Sendung als ›Clown‹, ›Komiker‹ und ›Drogensüchtiger‹ bezeichnet.

Mit Hilfe der kontrollierten Medien täuscht der Kreml ein ganzes Volk, indem er die Goebbels-Technik anwendet, Schwarz ständig als Weiß zu bezeichnen. Es sind diese falschen Informationen, die es ermöglichen, den Verstand der Massen zu verändern. Die Propaganda wird in einem kontinuierlichen Strom Tag und Nacht über alle Kanäle in die Massen geschleust. Kein Wunder, dass Millionen von Russen zu Horden von grausamen Henkern geworden sind.«

Ich spreche schnell, fast ohne Pause. Wut und Empörung wachsen in meiner Seele von Minute zu Minute.

»Ich schaue seit zehn Jahren nicht mehr fern, und ich kann Ihnen sagen, dass meine Kollegen auch nicht fernsehen. Sie wissen, dass die Propaganda des Kremls nur von schlecht ausgebildeten Menschen aus den Regionen geglaubt wird, vor allem von älteren Menschen, die noch nie im Ausland waren. 77 Prozent der Russen haben nicht einmal einen Reisepass für Reisen ins Ausland. Laut Statistik waren nur fünf Prozent unserer Mitbürger schon einmal in Europa oder den USA. Kein Wunder, dass die Mehrheit der Russen Putin glaubt und den Westen nur als Feind sieht. Waren Sie selbst schon einmal in Europa?«, frage ich den Ermittler.

Er zuckt schweigend mit den Schultern und hört meinem Monolog weiter zu.

»Ich wünschte, ich hätte Channel One schon vor acht Jahren verlassen. Ich schätze, ich wurde dadurch gerettet, dass ich in der internationalen Abteilung arbeitete. Ich musste keine Propagandatexte schreiben, ich habe CNN, Sky News, Reuters, APTN gesehen und über Skype mit Politikwissenschaftlern, Akademikern und unseren Kollegen aus den USA und Europa gechattet. Aber die kognitive Dissonanz von allem, was vor sich geht, hat von Jahr zu Jahr zugenommen. Ich schaute neidisch auf meine Kollegen, die alles stehen und liegen lassen konnten und weggingen. Ich konnte es mir nicht leisten, ich hatte eine schwierige Scheidung, zwei Kinder, ein unfertiges Haus, eine ältere Mutter, einen Autokredit und viele andere Probleme...

Ja, ich war schwach und konnte nicht die Kraft aufbringen, das Fernsehen zu verlassen. Es war bequem: eine Woche arbeiten und die nächste Woche ausruhen – so sah der Zeitplan für die Nachrichtenübertragungen auf allen nationalen Kanälen aus. Es ist ideal, um Kinder zu erziehen, zu reisen, Sport zu treiben, sich mit Freunden zu treffen. Aber am ersten Tag des Krieges habe ich definitiv beschlossen, dass ich den Sender verlassen muss.«

Die Uhr schlägt fünf. Vor dem Fenster herrscht die Stille der Morgendämmerung.

»Wissen Sie, ich bin müde. Nach Artikel 51 muss ich nicht gegen mich selbst aussagen. Ich muss auf die Toilette...«
Der Ermittler begleitet mich zur Badezimmertür.
»Warum folgen Sie mir?«, frage ich erstaunt und bin verwirrt.
»Das muss so sein. Für den Fall, dass Sie sich dort die Pulsadern aufschneiden...«
Er ist kein superintelligenter Spitzenermittler aus der Lubjanka (Sitz des russischen Inlandsgeheimdienstes), sondern ein gewöhnlicher Polizist, ein ganz normaler Mensch, der sich in der internationalen Politik überhaupt nicht auskennt. Sein Telefon klingelt ständig, und ich kann Bruchstücke von Sätzen am anderen Ende der Leitung hören.
»Fragen Sie sie, warum... und wie sie zu dem Thema steht... wer ihr geholfen hat...«
Unsichtbare Gesprächspartner aus hohen Ämtern am Staraja-Platz (Sitz des russischen Präsidialamtes) und in der Lubjanka sind in unserem Gespräch ständig präsent. Offenbar versuchen sie zu entscheiden, wie sie diesen großen Skandal vertuschen können.
»Handelt es sich hier um eine Straftat oder eine Ordnungswidrigkeit, was meinen Sie?«, fragt mich der Ermittler.
»Fragen Sie einen Anwalt, der Ihnen alle Feinheiten erklären kann. Leider bin ich kein ausgebildeter Jurist«, ärgere ich mich, aber ich merke, dass Ärger nicht hilft, und zwinge mich, ruhig zu bleiben.
»Für wen arbeiten Sie?«, wiederholt er erneut.
»Es gibt keinen Grund, nach Hintergedanken zu suchen. Es war die normale Reaktion eines normalen Menschen auf einen verbrecherischen Krieg. Tatsache ist, dass am 24. Februar mit dem Angriff auf die Ukraine jedem von uns quasi ein ›Vertrag mit dem Teufel‹ auf seinen Schreibtisch gelegt wurde. Wenn Sie geblieben sind, um für dieses krimi-

nelle Regime zu arbeiten, bedeutet das, dass Sie ihn unterzeichnet haben ...«

Der Ermittler sieht mich ängstlich an. Ich vermute, dass er mein Verhör auf Video aufnimmt.

Ich spreche offen und ehrlich: »Lassen Sie sie wissen, dass die Proteste bis ins ›Allerheiligste‹ vorgedrungen sind – in *Wremja*, das wichtigste Sprachrohr des Kreml-Propagandaprogramms.«

»Doch wer hat diese Aktion angeordnet? Wer hat Sie bezahlt?« Der Ermittler lässt nicht locker.

»Bezahlt? Ich brauche nicht viel. Ich lebe ein normales Leben der Mittelklasse in Moskau. Ich habe alles, was ein Mensch braucht, um glücklich zu sein. Gesunde Kinder, Haus, Hund, Auto, Freunde ...«

»Aber das Armband, das Sie am Arm tragen, ist es aus Gold?«

»Der übliche Modeschmuck. Was wollen Sie damit sagen? Glauben Sie, dass alles in diesem Leben für Geld getan wird? Da irren Sie sich gewaltig!«

»Trotzdem sitze ich hier und denke ... ordnungswidrig oder kriminell? Wollen Sie ins Gefängnis gehen?«

»Ich bin ein ganz normaler Mensch und möchte natürlich nicht ins Gefängnis gehen. Aber als ich mich entschloss, live auf Sendung zu protestieren, war ich mir aller Risiken bewusst. Ich ging davon aus, dass ich zwei oder drei Jahre im Gefängnis verbringen würde. Das ist ein kleiner Preis, den ich zu zahlen bereit bin.«

Es ist 10 Uhr morgens. Draußen vor der Tür sind Stimmen zu hören. Ein junger Mann bringt uns Kaffee in Pappbechern und Pfannkuchen. Der Ermittler bittet ihn, mich im Auge zu behalten, dann verschwindet er. Ich nehme einen Schluck Kaffee und beobachte meinen Wächter genau.

»Oh, Selenskyj hat sich bei Ihnen bedankt«, sagt er und nimmt plötzlich den Blick vom Telefon. Aber verlegen schweigt er schnell, weil er merkt, dass er zu viel gesagt hat.

»Großartig, danke, Selenskyj«, schwärme ich, »er ist ein Held, der nicht aus dem belagerten Kiew geflohen ist, er ist bei seinen Leuten geblieben, obwohl man ihn gebeten hat, nach Lwiw zu evakuieren. Nicht wie Putin, der einen verbrecherischen Krieg in Europa begonnen hat und sich in einem Bunker versteckt.«

Der Vernehmungsbeamte kehrt zurück und hat offenbar eine Reihe von neuen Anweisungen erhalten. Der Ton des Verhörs ändert sich:

»Marina Wladimirowna, warum mögen Sie Ihr Heimatland nicht?«, fragt er scharf, als wir wieder allein sind.

»Ich liebe mein Heimatland. Aber Sie müssen verstehen, dass das Heimatland und die Leute, die jetzt an der Macht sind, zwei völlig verschiedene Dinge sind. Sehen Sie, was sie getan haben. Millionen von ukrainischen Flüchtlingen an der Grenze zu Polen und Moldau. Es handelt sich um wehrlose Frauen und Kinder. An einem einzigen Tag hat Putin ihnen alles genommen – Haus, Wohnung, Arbeit ... Ich weiß, wie das ist, ich habe das Gleiche erlebt, als ich ein Kind war. Meine Familie musste aus Grosny fliehen, als dort der erste Tschetschenienkrieg ausbrach. Wir verloren unsere Wohnung, unser ganzes Hab und Gut und hatten absolut nichts mehr. Meine Mutter musste mit vierzig Jahren ihr Leben von Grund auf neu beginnen. Dieses Trauma hat sie bis heute nicht überwunden. Es waren die neunziger Jahre, die langen Jahre des Leidens, des Geldmangels, der Demütigung. Ich hatte eine unglückliche Kindheit. Ich weiß also sehr wohl, was die Zukunft für Flüchtlinge bereithält. Das Ausmaß der Tragödie ist kolossal, Sie sitzen hier in Ihrem Büro und können das alles nicht verstehen. Russland wird sich von seiner Schande noch lange nicht reinwaschen können. Ihre Kinder und Enkelkinder werden für diesen verbrecherischen Krieg bezahlen.«

»Sie irren sich, Putin hat alles richtig gemacht. Wenn wir nicht gewesen wären, hätten uns die Ukrainer als erste angegriffen. Außerdem befinden sich die USA und die NATO im Krieg gegen uns.«

Der Ermittler nippt geräuschvoll an seinem Kaffee und fährt mit unerwartet einschmeichelnder Stimme fort, wobei er mir in die Augen schaut:

»Möchten Sie für uns arbeiten? Dann wird Ihnen nichts geschehen.«

»Machen Sie sich über mich lustig? Die Leute, die jetzt an der Macht sind, widern mich zutiefst an. Ich würde lieber verhungern. Im 21. Jahrhundert einen Krieg zu beginnen, das ist wirklich Wahnsinn ...«

»Wir werden ein Strafverfahren einleiten. Sie werden ins Gefängnis gehen«, sagt der Ermittler mit fester Stimme, als ob er seine eigene Frage beantwortet hätte.

»Rufen Sie einen Anwalt«, kann ich meine Verärgerung nicht länger verbergen.

Der Ermittler geht wieder hinaus, sein Partner erscheint sofort neben mir. Sie lassen mich nicht eine Minute lang unbeaufsichtigt. Ich lege mich auf die Rückenlehne des Sofas, schließe die Augen und versuche, mich ein wenig abzulenken. Aber das Blut pulsiert in meinen Schläfen und mein Bewusstsein malt die düstersten Bilder. Mir ist klar, dass mein Schicksal jetzt in den höchsten Ämtern entschieden wird.

»Macron hat Ihnen politisches Asyl und diplomatischen Schutz angeboten«, liest der Polizist, der neben mir sitzt, den Newsfeed laut vor.

»Das kann nicht sein!« Ich öffne meine Augen und kann nicht so recht glauben, was da gerade passiert. Die Reaktion der internationalen Gemeinschaft ist wie ein Strohhalm für einen Ertrinkenden. Ich halte mich daran fest und hoffe, dass ich mich über Wasser halten kann.

Aus dem Korridor sind Fragmente von Sätzen des Ermittlers zu hören:

»Ich hab's … das ist richtig … machen wir's …«

Nach ein paar Minuten kehrt er zurück:

»Wir werden bald vor Gericht gehen. Wir werden Sie wegen einer Ordnungswidrigkeit anklagen.«

3. Ein Gast aus Russlands Zukunft

Vor dem Gerichtsgebäude sind mehrere Reporter im Einsatz. Ich winke ihnen aus dem Fenster des Polizeiautos zu, aber sie können mich nicht sehen. Die Autoscheiben sind stark getönt. Die Polizeibeamten führen mich durch den Hintereingang in das Ostankino-Gericht.

»Bleib standhaft, du bist eine echte Heldin!«, raunt mir ein Mann, den ich nicht kenne, im Korridor zu.

Ich lächle ihn an. Wir fahren in den dritten Stock und betreten den Gerichtssaal.

Ich nehme ein Blatt Papier und beginne, einen Antrag auf Vertagung der Anhörung zu schreiben, da ich keinen Anwalt habe. In diesem Moment kommt ein kleiner Mann von athletischer Statur in den Flur gerannt: »Endlich habe ich Sie gefunden«, seufzt er glücklich.

Anton Gashinsky, ein bekannter Rechtsanwalt aus Belarus, füllt rasch die notwendigen Papiere aus. Ich erzähle ihm, dass ich einen siebzehnjährigen Sohn Kirill und eine elfjährige Tochter Arisha habe, und bitte ihn um das Telefon, um sie anzurufen.

»Kirill, wie geht es dir?«, frage ich meinen Sohn.

»Du hättest uns wenigstens vorwarnen können, wir sind alle in heller Aufregung!«

Die Stimme meines Sohnes klingt verärgert.

»Ich hätte dich nicht vorwarnen können. Du hättest versucht, mich aufzuhalten. Erinnerst du dich an die letzte Woche, als ich zu der von Nawalnys Hauptquartier organisierten Anti-Kriegs-Demonstration auf dem Puschkin-Platz gehen wollte und du die Schlüssel von meinem Auto versteckt hast? Ich konnte einfach nicht mehr schweigen. Bitte schick mir einen Scan der Geburtsurkunde deiner Schwester«, bitte ich ihn.

Die Richterin betritt den Saal und ich schalte das Handy leise. Sie liest schnell die Anklage im Rahmen des neuen Verwaltungsartikels vor. Mir wird vorgeworfen, zu nicht genehmigten Versammlungen aufgerufen zu haben. Ich werde wegen einer Videobotschaft angeklagt, die ich in meinen sozialen Netzwerken veröffentlicht habe.

»Ich bekenne mich nicht schuldig und nehme nichts von dem zurück, was ich gesagt habe«, sage ich und versuche, meine Aufregung zu verbergen.

»Es gibt keinen Grund für die Anwendung dieses Verwaltungsartikels«, sagt mein Anwalt, »denn es handelte sich um einen abstrakten Aufruf, zu den Kundgebungen zu gehen. Marina Wladimirowna nannte kein genaues Datum und keine genaue Uhrzeit für die Teilnahme. Außerdem hat sie zwei minderjährige Kinder, für die sie unterhaltspflichtig ist.«

Kein Argument hat irgendeine Wirkung auf die Richterin. Sie befindet mich einer Ordnungswidrigkeit für schuldig und verurteilt mich zu einer Geldstrafe von dreißigtausend Rubel.

Vor dem Gerichtsgebäude in Ostankino versammelt sich eine große Menge von Journalisten.

»Ich will da nicht hin, ich bin sehr müde, müssen wir wirklich mit der Presse sprechen? Vielleicht können wir einen anderen Weg finden?«, frage ich Anton Gashinsky.

»Wir müssen mit den Journalisten sprechen, nur ein paar Sätze sagen und schnell ins Auto steigen«, erwidert er.

Ich versuche, meine Gedanken zu sammeln. Von allen Seiten kommen Fragen in Russisch und Englisch.

»War es Ihre persönliche Entscheidung oder hat Ihnen jemand geholfen?«

»Hatten Sie mit einem solchen Urteil gerechnet?«

»Ich bin bereit, morgen alle Ihre Fragen zu beantworten. Jetzt bin ich müde, ich habe zwei Tage nicht geschlafen. Mehr als vierzehn Stunden lang wurde ich verhört, ohne Anwalt, ohne Rechtsbeistand, ohne die Möglichkeit, mit meiner Familie und meinen Freunden Kontakt aufzunehmen«, erkläre ich, während ich mich weiter durch die Menge der Journalisten zu dem kleinen Auto bewege.

Unser Auto kommt nur im Schritt-Tempo voran. Auf dem Gartenring herrscht Abendverkehr. Wir fahren zum Büro von Sergej Badamshin, einem der bekanntesten politischen Anwälte Moskaus. Vor uns weht eine riesige amerikanische Flagge. Der Wagen hält auf dem Nowinsky Boulevard, nicht weit vom Gebäude der amerikanischen Botschaft entfernt. Ganz in der Nähe in einem luxuriösen Geschäftszentrum befinden sich einige der teuersten Büros in Moskau. Wir fahren in die achte Etage.

Sergej Badamshin, ein Mann mittleren Alters mit einem vielsagenden Lächeln, begrüßt uns.

»Lasst uns Ideen sammeln«, schlägt er sofort vor. »Sie können jeden Moment ein Strafverfahren einleiten.«

»Ich sollte wahrscheinlich nicht nach Hause gehen?«, frage ich.

»Natürlich werden wir dich verstecken.«

Eine Stunde lang diskutieren wir über die Details des Falles. Badamshin gibt mir eine vorläufige Telefonnummer zur Kontaktaufnahme und eine lange Liste mit den Telefonnummern fast aller großen Fernsehsender der Welt, die mich interviewen wollen.

»Ich werde ab morgen mit der Presse sprechen, ich habe absolut nichts zu verbergen. Im Moment muss ich mich einfach ausruhen, ich kann nicht klar denken«, sage ich.

»Das Wichtigste ist, nicht nachzulassen«, sagt Badamshin abschließend. »Die Reaktion wird später kommen, wenn alle Sie vergessen haben. Im Moment können sie es sich nicht leisten, eine Märtyrerin aus Ihnen zu machen.«

Draußen vor dem Fenster flackert helle Leuchtreklame. Der Anwalt fährt mich in den Südwesten von Moskau. Ich lese auf meinem Smartphone die Schlagzeilen. Die Deutsche Welle schreibt: »Marina Owsjannikowa ist ein Gast aus Russlands Zukunft.« Der *Guardian* setzt einen Screenshot der *Wremja*-Sendung auf seine Titelseite: »Marina Owsjannikowas Name steht bei Twitter ganz oben. Alexej Nawalny erwähnte in seiner letzten Rede vor Gericht, was Marina Owsjannikowa getan hat«. Der Politiker Ilja Jaschin scheibt: »Marina Owsjannikowa ist eine Heldin Russlands!« »Das war das Beste, was der Sendung *Wremja* in ihrem halben Jahrhundert passiert ist«, schreibt mein ehemaliger Kollege Igor Riskin auf Facebook.

An der Schwelle einer luxuriösen, in Marmor gehaltenen Wohnung empfängt uns eine schlanke, jugendliche Frau, die einen eleganten Trainingsanzug trägt.

»Tatjana* (Name geändert)«, stellt sie sich vor. »Komm rein, ich wohne hier allein. Mein Sohn Goscha wohnt woanders. Ich war sein Finanzier und habe so viel in ihn investiert, Goscha hat Englisch und Sport studiert … alles nur für ihn, und er …«

Tatjana spricht schnell. Ich kann sehen, dass sie sich ohne Gesellschaft langweilt und froh ist, dass ich plötzlich in ihrem Haus auftauche.

»Sie waren also auf Sendung? Ich konnte es nicht glauben, als ich es auf meinem iPad sah … es sieht wirklich wie eine Fälschung aus«, fährt Tatjana schnell fort. »Peskow (Putins Pressesprecher) hat dies bereits als ›Rowdytum‹ bezeichnet.«

»Gut, dass es ›Rowdytum‹ ist, so bin ich wenigstens erst einmal frei«, lächle ich zurück.

»Ja, Putin ist verrückt, er ist nicht ganz richtig im Kopf, wie konnte er sonst diesen Krieg beginnen. Diese Mistkerle haben sogar Echo Moskwy abgeschaltet, das ich früher ständig gehört habe. Und ohne VPN kann ich jetzt nichts mehr sehen, alles ist blockiert. Gut, dass Goscha wenigstens Telegram heruntergeladen und dort Oppositionskanäle eingerichtet hat ... du kannst dich hier ausruhen, du musst sehr müde sein ...«

Sie führt mich in ein kleines Zimmer und hilft mir, das Sofa auszuklappen.

Als ich allein bin, nehme ich eine Schlaftablette aus meiner Tasche, aber ich kann sie nicht schlucken. Plötzlich habe ich starken Husten, aber ich spüre keine Erkältungssymptome. Ich kann nicht verstehen, was mit mir geschieht, ich ersticke fast ... Mit der Zeit werden diese Anfälle regelmäßig kommen. Der Husten wird in besonders stressigen Situationen plötzlich einsetzen und auch wieder verschwinden ...

Ich falle für eine Weile in einen seichten Schlaf. Früh am Morgen wache ich auf und denke, dass ich so schnell wie möglich mit Journalisten sprechen muss, vor allem natürlich mit Vertretern von russischen Medien. Ich muss alle ihre Fragen beantworten, damit kein Raum für Verschwörungstheorien bleibt, die sich schon in unglaublicher Geschwindigkeit im Internet verbreiten. Ich muss allen zeigen, dass ich kein Schwindler oder ein Projekt des Geheimdienstes bin, sondern ein ganz normaler Mensch.

Ich schaue mir eine lange Liste von Anfragen an, und der Name der einflussreichen Tageszeitung *Kommersant* sticht mir ins Auge. Ich schreibe eine Nachricht, dass ich bereit bin, alle Fragen zu beantworten. Nur wenige Minuten später erhalte ich einen Anruf. Ich berichte dem Journalisten im Detail, warum ich das getan habe. Ich erzähle in der Tat dasselbe, was ich während des Verhörs gesagt habe.

Unerwartet kommt eine Nachricht von der Redaktion des *Kommersant*: »Wir können Ihr Interview leider nicht veröffentlichen. Wir wurden verboten.«

Ich erinnere mich, dass der Anwalt mich gebeten hat, mich mit Xenija Sobtschak in Verbindung zu setzen. Sie hat 2018 für das Amt des Präsidenten der Russischen Föderation kandidiert und anschließend ihr eigenes Medienimperium gegründet. Ihre Show auf YouTube hat mehr als drei Millionen Abonnenten.

Xenija ist gegen den Krieg und will zu mir nach Hause kommen, um ein exklusives Interview aufzunehmen. Mein Haus ist immer noch nicht fertig, und ich habe keine große Lust, Journalisten zu mir einzuladen, aber Xenija besteht darauf. Sie will sehen, wie ich lebe und was ich mache. Sie sagt, sie sei bereit, mich zu unterstützen, und dass sie gleich das nächste Flugzeug von der Türkei nach Moskau nehmen will. Ich bleibe mit ihr in Kontakt, um alle Details zu vereinbaren. Doch nach ein paar Tagen verschwindet Xenija Sobtschak spurlos. (Im Oktober 2022 wurde bekannt, dass Sobtschak nach Litauen geflohen aber im November wieder in Moskau aufgetaucht ist.)

Weitere Anfragen der russischen Medien liegen nicht vor. Ohne eine Minute zu verlieren, kontaktiere ich die große internationale Nachrichtenagentur Reuters.

»Werden Sie Russland verlassen?«

»Nein, ich bin eine Patriotin, ich werde Russland nicht verlassen, meine Familie ist hier und meine Freunde sind hier. Ich bin mir des Ausmaßes der Probleme, mit denen ich konfrontiert sein werde, durchaus bewusst, und ich bin sehr um meine Sicherheit besorgt ...«

»Halten Sie sich für eine Heldin?«

»Nein, ich fühle mich nicht wie eine Heldin. Ich wünsche mir nur, dass dieses Opfer nicht umsonst war und dass den Menschen die Augen geöffnet wurden ...«

Meine Gastgeberin steht vor der Tür, als ob sie nichts gehört hätte. »Marina, hör auf zu reden und lass uns zu Mittag
essen ...«

Ich stehe vom Computer auf und gehe in die Küche. Die
Gedanken kreisen in meinem Kopf. Was ist zu tun? Ich möchte wirklich nicht auswandern. Ich bin in Moskau gut etabliert.
Mein Sohn bereitet sich auf die Universität vor, meine Tochter
geht zur Schule, und meine Mutter, die neben uns wohnt, hilft
mir, die Kinder zu versorgen.

»Goscha interessierte sich schon damals für Computer«,
fährt Tatjana fort. »Er ist ein Junge ...«

Ihre Worte rauschen an meinen Ohren vorbei. Ich nicke
nur und tue so, als würde ich zuhören. Die Informationen sind
schwer zu verdauen.

»Wissen Sie, mein Sohn hat mir sogar vorgeworfen, dass
ich das Leben meiner ganzen Familie ruiniert habe«, betei-
lige ich mich an dem Gespräch. »Ich hatte heute ein langes
Gespräch mit ihm und versuchte ihm zu erklären, dass man
manchmal verrückte Dinge im Leben tun muss, und sei es nur,
um unser Leben besser zu machen. Er schien zu verstehen.«

Tatjana nickt verständnisvoll.

Den Rest des Tages verbringe ich damit, mit ausländischen
Journalisten über das Internet zu kommunizieren. Keiner außer den Anwälten weiß, wo ich bin. Abends versuche ich ab-
zuschalten und wieder zu schlafen, aber ein klebriger Schweiß
bedeckt meine Stirn. In meinem Kopf blitzen die Ereignisse
der letzten Wochen wie in einem Kaleidoskop auf.

4. US-Geheimdienst: Einmarsch am 16. Februar

Mittwoch, 16. Februar 2022, Moskau

Beschleunigen, schneller, nur noch siebenhundert Meter … Das Kraulschwimmen ist das Ende des Trainings. Nur noch ein bisschen länger und ich habe die für heute geplanten fünf Kilometer geschafft. Nur zwei Personen sind jetzt am Mittag im 25-Meter-Becken. Wir müssen uns beeilen. Es ist Freitag, es schneit, und heute wird es sicher Staus geben. Die Fahrt zum Fernsehzentrum Ostankino könnte etwa zwei Stunden dauern.

Ich trockne mein Haar und steige ins Auto, für Make-up ist keine Zeit, im verrückten Rhythmus der Großstadt zählt jede Minute. Ich verlasse die Moskauer Ringstraße in Richtung Kutusow-Prospekt (Hauptstraße in Moskau) und stecke im Verkehr fest. Meine Tochter ruft an:

»Mama, die Schule ist aus! Kommst du mich heute abholen?«

»Nein, Schatz, du hast vergessen, dass ich diese Woche arbeite. Unsere Nachbarin holt dich heute ab.«

Der Strom von Autos setzt sich in Bewegung, ich schalte das Radio ein:

»Die angebliche russische Invasion in der Ukraine, die einige westliche Medien in der Nacht vom 15. zum 16. Februar vorausgesagt haben, hat nicht stattgefunden«, heißt es dort. Die Sprecherin des russischen Außenministeriums, Marija Sacharowa, kommentiert in ihrem Telegramkanal: »Ich bitte die US-amerikanischen und britischen Desinformationsmedien Bloomberg, *The New York Times*, *The Sun*, etc. unse-

31

ren Invasionsplan für das kommende Jahr bekannt zu geben. Ich würde gerne meinen Urlaub planen.«

Ich schalte um, weil ich keine Lust habe, mir die ständigen Beschimpfungen des russischen Außenministeriums anzuhören.

»Hier ist Echo Moskwy auf Sendung«, verkündet der Lautsprecher.

Der Moderator sagt: »Wir haben heute Alexander Kynew, einen Politikwissenschaftler, zu Gast. Es gibt gerade eine neue Entwicklung bei einem weiteren angeblichen Betrugsfall von Nawalny. Ich habe nicht mitgezählt, der wievielte es ist – ich glaube, der dritte. Drängt die Zeit in diesem Fall?«

Alexander Kynew antwortet: »Ich glaube nicht, dass das noch jemanden überrascht. Es ist klar, dass Alexej Nawalny nicht aus dem Gefängnis kommen wird, solange Wladimir Putin Präsident ist...«

Draußen vor dem Fenster fällt dichter Schnee. Vermischt mit den Chemikalien, die die Moskauer Behörden großzügig auf die Straßen streuen, wird daraus ein schlammiger Brei. Ein Strom von Autos schleicht sich langsam durch die graue Dämmerung...

Meine Stimmung ist so düster wie alles um mich herum. Die politische Lage in Russland wird von Jahr zu Jahr hoffnungsloser. Nawalny sitzt im Gefängnis, seine Anti-Korruptions-Stiftung wurde zerschlagen. Die Behörden haben Angst vor dem Smart-Voting-System, das dazu beigetragen hat, Kandidaten der Opposition zu wählen. Irgendwie, unmerklich, hat Putin uns alles genommen: faire Wahlen, unabhängige Gerichte und Medien.

Das Navigationsgerät zeigt an, dass sich vor uns ein langer Stau gebildet hat – auf der Überführung in der Nähe der Moskauer Wolkenkratzer hat sich ein schwerer Unfall ereignet. Ich stehe fast eine halbe Stunde lang im dichten Verkehr. Ich schaue in den Spiegel. Das Training ist schon fast zwei Stunden her, aber ich kann immer noch die Spuren meiner Schwimmbrille unter meinen Augen sehen. Gerade als ich mich schminken will, piepst eine weitere Nachricht auf meinem Handy.

»Was denkst du über den Krieg?«

Es ist Miranda aus Sydney. Ich habe sie bei einem internationalen Wettbewerb in Istanbul kennengelernt. Mehr als tausend Schwimmer aus der ganzen Welt flogen in die Türkei, um den legendären Bosporus zu durchschwimmen. Wir waren unter ihnen.

Glaubt meine Freundin aus Australien wirklich, dass es einen Krieg geben könnte? Das ist unmöglich, ich versuche es ihr zu erklären, während ich im Stau stehe:

»Es wird keinen Krieg geben. Mach dir keine Sorgen. Russland und die NATO werden jetzt mit den Säbeln rasseln und sich dann wieder beruhigen. Dies ist ein politisches Geschäft. Ich glaube, dass Putin noch nicht ganz den Verstand verloren hat.« Ich sende die Nachricht ab.

Ich fahre vor das Tor des Fernsehzentrums, steige aus dem Auto und öffne den Kofferraum. Der Polizist vergleicht das Nummernschild sorgfältig mit dem Ausweis, der an der Windschutzscheibe hängt, und schaut in den Kofferraum. Dann öffnet sich die Schranke. Ich parke das Auto und gehe schnell in Richtung der Rückseite des Gebäudes. Es war früher ein Konzertstudio und beherbergt jetzt die Direktion für Nachrichtenprogramme von Channel One.

Der schläfrige Polizist am Eingang schaut träge auf meinen Ausweis. Ich gehe in den dritten Stock, zeige dem Sicherheitspersonal von Channel One noch einmal meinen Ausweis und mache mich auf den Weg zu meinem Arbeitsplatz.

»Wie läuft's denn so?« Ich winke einem Kollegen zu. Aber Maxim kann mich nicht hören, er hat Kopfhörer auf und übersetzt konzentriert etwas aus dem Englischen. Ich ziehe meinen Mantel aus und setze mich an den Computer. Max nimmt endlich seinen müden Blick vom Monitor: »Reuters zeigt ununterbrochen Videos von unseren Panzern, die an die Grenze gebracht werden. Sie werden in Eisenbahnzügen transportiert. Alle sind auf der Flucht aus Kiew. Die Amerikaner drängen alle, nach Lwiw zu gehen. Aber wir zeigen es nicht.«

»Das ist verrückt, was hat Kiew damit zu tun?« Ich bin verblüfft. »Es ist ja nicht so, dass die Russen Kiew bombardieren werden. Also warum geraten die Amerikaner in Panik? Jetzt werden sie auch mit den Säbeln rasseln, um weiteres Entgegenkommen der NATO feilschen und dann wieder von der Bildfläche verschwinden. Russland wird die Panzer zurückziehen. Putin ist nicht so verrückt, Kiew zu bombardieren. Die Amerikaner sagten, dass der Krieg in der Nacht des 16. Februars beginnen würde, aber nichts geschah, es war nur eine Drohgebärde. Ich verstehe nicht, warum alle Botschaften in Kiew evakuiert werden.«

»In den Nachrichten ist heute von Panzern die Rede, die nach Trainingsübungen an ihren festen Standort zurückkehren«, sagt Max in heiterem Tonfall. »Wunderbare Neuigkeiten«, antworte ich lächelnd. So sitzen wir in dem kleinen Büro mit den Monitoren und hoffen auf das Beste. Wir haben das Gefühl, dass der Ärger vorbei ist. Ein Bildschirm überträgt das Treffen zwischen Putin und Bolsonaro, ein weiterer die Rede von Biden, und die anderen Monitore zeigen fahrende russische Panzer ...

5. Der Krieg ist Putins fataler Fehler

Montag, 21. Februar 2022

Meine freie Woche hat begonnen. Morgens gehe ich wie immer mit dem Hund spazieren und fahre die Kinder zur Schule. Im Auto greift meine Hand unwillkürlich nach dem Radio. Ich will die Nachrichten einschalten, aber ich ziehe meine Hand energisch zurück. Nach einer stressigen Arbeitswoche brauche ich eine Informationsentgiftung. Also habe ich mir versprochen, meinen ersten freien Tag ohne Nachrichten zu verbringen.

Den ganzen Tag laufe ich im Haus herum, putze und koche das Abendessen... Aber abends halte ich es nicht mehr aus und beschließe, aus dem Informationsvakuum herauszukommen und ins Internet zu gehen:

»Die Mitglieder des russischen Sicherheitsrates unterstützten den Vorschlag von Präsident Wladimir Putin und sprachen sich für die Anerkennung der Unabhängigkeit der Volksrepubliken Donezk und Lugansk aus.«

Ich starte das Video. Die erschrockene Stimme des Direktors des Auslandsgeheimdienstes, Sergej Naryschkin, ertönt aus dem Lautsprecher:

»Unsere... westlichen Partner können eine letzte Chance erhalten.... Wir müssen ansonsten die Entscheidung treffen, über die wir heute sprechen.«

»Was meinen Sie mit ›sonst‹?« Putin unterbricht ihn. »Wollen Sie vorschlagen, dass wir einen Verhandlungsprozess beginnen?«

Naryschkin stammelt: »Ich... Ich... werde den Antrag unterstützen...«

»Unterstützen oder befürworten? Sprechen Sie laut!«, beharrt Putin.

Naryschkins Worte werden leiser: »Ich unterstütze den Vorschlag, dass die Volksrepubliken Donezk und Lugansk Teil der Russischen Föderation werden«, bringt er schließlich hervor.

»Wir reden nicht darüber«, spottet Putin, »wir diskutieren nicht darüber. Es geht um die Anerkennung der Unabhängigkeit – oder nicht?«

»Ja«, bricht Naryschkin grimmig ab und geht vom Podium weg.

Was sich im Sicherheitsrat abspielt, erinnert mich an ein schlecht inszeniertes Theaterstück. Der Geheimdienstchef und die Minister sehen aus wie verängstigte Kaninchen, die von einer Boa Constrictor angegriffen werden ..., aber sie können sich nicht einmal bewegen. Ich gehe deprimiert ins Bett und erwarte, dass russische Panzer erneut in das Gebiet der nicht anerkannten Volksrepubliken Donezk und Lugansk eindringen werden. Aber die Realität wird noch schrecklicher.

Der Morgen des 24. Februar. 7 Uhr. Der Wecker des Telefons klingelt. Eine Nachricht nach der anderen erscheint auf dem Bildschirm.

CNN: »Explosionen in Kiew gehört«.

Meduza: »Russland startet eine umfassende Invasion in der Ukraine. Putin hält Ansprache ...«.

DAS IST KRIEG, NEIN ... DAS KANN NICHT SEIN, BOMBEN AUF KIEW, das kann man sich in einem Albtraum nicht vorstellen, das ist Wahnsinn. PUTIN HAT ENDGÜLTIG DEN VERSTAND VERLOREN. DIES IST EIN FATALER HISTORISCHER FEHLER.

Ich laufe ins Erdgeschoss und dann zurück in den ersten Stock. Ich muss meinen Sohn zur U-Bahn und meine Tochter zur Schule bringen. Ich kann mich nicht konzentrieren, mein Kaffeeglas fällt mir aus der Hand. Die Scherben fliegen durch die ganze Küche. Das Blut pulsiert in meinen Schläfen ... Ich greife wieder nach meinem Handy und beginne, die Nachrichten zu lesen ...

Mein Verstand weigert sich, an die Realität dessen, was geschieht, zu glauben:

Ein CNN-Korrespondent in Charkiw berichtet, er habe eine Reihe von Explosionen gehört.

UNIAN berichtet über Explosionen in der Nähe des Flughafens Boryspil. In den Vorstädten Kiews werden Raketenangriffe durchgeführt.

CNN: »Explosionen in Odessa zu hören«.

Mein Gott, sie bombardieren Kiew und Odessa. Meine Eltern lernten sich in dieser schönen Küstenstadt kennen und heirateten dort Ende der 1970er-Jahre zu Sowjetzeiten. Mein Vater, Wladimir Wladimirowitsch Tkatschuk, war Ukrainer und diente als Marineoffizier auf einem Kriegsschiff. Fünf Monate nach meiner Geburt kam er auf tragische Weise bei einem Autounfall ums Leben. Mein ganzes Leben lang wurde ich von meiner russischen Mutter, einer ausgebildeten Chemieingenieurin, erzogen, die mich gleich nach dem Tod meines Vaters zu ihren Eltern in den Ural brachte.

Ich starre mit glasigen Augen auf den Bildschirm: Russische Kampfjets und Panzer bewegen sich auf die Ukraine zu. Und mein Geist malt mir ein heiteres Bild aus meiner Kindheit.

Juni 1983. UdSSR, Oblast Chmelnizkaja (Regierungsbezirk in der heutigen Ukraine), Dorf Tschuwgusiw. Auf beiden Seiten der Straße sind weiße Häuser zu sehen, die hinter dem dichten Laub der Apfelbäume verborgen sind. Meine Mutter und ich fahren mit einem alten Bus die staubige Straße bis zum Ende des Dorfes hinauf. Der Bus hält an der Peripherie. Dort steht das Haus der Eltern meines Vaters. Wir nähern uns einem großen weißen Haus, das von einem baufälligen Holzzaun umgeben ist. Am Tor hängt ein eiserner Briefkasten, der mit einem großen Nagel befestigt ist.

Ich, ein fünfjähriges Mädchen mit Kurzhaarschnitt in einem weißen T-Shirt, blauen Shorts und mit einem weißen Panama-Hut, gehe zusammen mit meiner Mutter zum Haus hinauf. Eine gebückte, abgemagerte alte Frau kommt mit einem Kanister in der Hand heraus.

»Oh, sieh mal, wer da ist. Marischka, du bist ein wunderschönes Mädchen geworden«, murmelt die Großmutter liebevoll, als sie uns am Tor trifft. »Kommt ins Haus...«

Meine Großmutter Uljana, die Mutter meines Vaters, führt uns langsam ins Haus. An der Wand hängen zwei Schwarz-Weiß-Porträts.

Eines zeigt einen Mann mittleren Alters in Militäruniform, meinen Großvater, der während des Großen Vaterländischen Krieges (Zweiter Weltkrieg) an der Front gefallen ist. Das zweite Porträt zeigt einen unbekannten jungen Mann in der Uniform eines Marineoffiziers. Es ist mein Vater. Er war das jüngste Kind einer großen ukrainischen Familie, die neben ihm noch sechs weitere Kinder hatte.

»Deine Schwester Innotschka und Onkel Kolja sind hier«, sagt die Großmutter. »Sie sind zum Fluss gegangen, um Fische zu fangen.«

Ich schlendere durch den riesigen Gemüsegarten, der mit vielen Kartoffeln bepflanzt ist, in Richtung Fluss. Unterwegs streichle ich ein riesiges weißes Kaninchen, das in einem Holzkäfig genüsslich an Gras knabbert.

In etwa vierzig Jahren wird Russland Raketen auf ukrainisches Gebiet abfeuern, und Onkel Kolja und Innotschka werden sich im Keller verstecken.

Großmutter Uljana, die während des gesamten Großen Vaterländischen Kriegs Krankenschwester war, wird diese Tage nicht mehr miterleben. Und ihre Kinder werden sich in zwei Hälften teilen. Die Söhne werden heiraten und in der Ukraine bleiben, und die Töchter werden heiraten und nach Russland ziehen. Sobald der Krieg beginnt, werden sich die Familien, die auf unterschiedlichen Seiten der Grenze leben, endgültig entzweien:

»Warum protestiert Ihr nicht? Warum geht Ihr nicht auf die Straße, um Putin zu stürzen?«, fragt Innotschka ihre Tante, die in Moskau lebt, am Telefon.

»Es ist nicht alles so klar und eindeutig. Putin weiß mehr als wir. Wenn er die Entscheidung getroffen hat, die Ukraine zu bombardieren, dann ist das eben so«, wird ihre ältere Tante, die von der Kreml-Propaganda zombifiziert wurde, ihr antworten.

6. Bleib auf der Seite des Guten

Montag, 28. Februar 2022

Tag 5 des Krieges. Die Arbeitswoche hat begonnen. Wie im Nebel gehe ich zum Fernsehzentrum Ostankino. Alle Unterhaltungsprogramme wurden gestrichen, die Nachrichtensendungen laufen ununterbrochen weiter. Der Grad der Propaganda-Rhetorik nimmt mit jeder Stunde zu.

Igor Konaschenkow, Sprecher des russischen Verteidigungsministeriums: »Bewaffnete Banden von Marodeuren, Plünderern und Nationalisten wüten in Kiew ... Wir müssen den endlosen Bedrohungen Russlands durch das Kiewer Regime ein Ende setzen ...«

Der Nachrichtensprecher liest zügig vom Teleprompter ab:

»Den Ton gibt Präsident Selenskyj vor. Den Grund dafür sehen viele in seiner Drogenabhängigkeit. Sie können zum Beispiel sein Verhalten, seine Worte, seine Mimik und seine Gesten analysieren. Er zieht Grimassen, richtet sein Haar und wischt sich ständig die Nase. Dieses Verhalten ist bei Kokainabhängigen üblich.«

Ich fühle mich wie ein kleines Sandkorn in einem Meer von großen Lügen.

Auf meinen Arbeitsmonitoren sind Hunderttausende von ukrainischen Flüchtlingen zu sehen, überall gibt es Schmerz, Blut und Kindertränen. Auf meinem Telefon befinden sich Dutzende von Nachrichten aus der ganzen Welt mit einer einzigen Frage: »Was ist los?« Ich weiß nicht, was ich darauf antworten soll. Ich habe Schmerzen, ich schäme mich, ich möchte vom Erdboden verschwinden, sterben, das alles nie wieder sehen. Ich muss sofort weglaufen, aber mein Körper ist vor Angst gelähmt und mein Verstand ist betäubt. Der Teufel scheint im Spiel zu sein.

Die laute Stimme des Chefs schreckt mich auf. Er ist von einer weiteren Planungssitzung zurückgekehrt, zieht eine hasserfüllte Grimasse und der übliche Strom von Schimpfwörtern kommt aus seinem Mund. Er hasst jeden. Seit sein Stellvertreter gekündigt hat, schuftet er wie der Teufel. Zwölf Stunden am Tag, fünf Tage die Woche. Für sich selbst und diesen Kerl. Propaganda langweilt ihn zu Tode, er würde auch kündigen, aber die großen Gehaltsschecks wärmen seine Seele.

Er warnt uns, während des Krieges die Füße still zu halten: »Sie befinden sich an einem sicheren Ort. Unter Kriegsbedingungen wird der Kreml nur die Armee, die Sicherheitskräfte und die Propagandisten unterstützen, der Rest soll zum Teufel gehen und überleben, so gut er kann.«

In den Gesichtern der Kollegen stehen Angst und Verwirrung. Ich registriere, dass sie alle zutiefst schockiert sind über das, was passiert. Aber, wie man so schön sagt: »Jeder ist sich selbst der Nächste.« Niemand möchte in solch schwierigen Zeiten seinen Arbeitsplatz verlieren.

Nach Mitternacht komme ich völlig erschöpft nach Hause. Es gibt eine neue Nachricht auf dem Telefon.

»Wie geht es dir?«

Ich erschaudere vor Überraschung. Das ist Thomas* (Name geändert), ein bekannter britischer Journalist und Schriftsteller. Er hat mehr als 20 Jahre lang in Moskau gearbeitet und mehrere Bücher über Russland geschrieben. Mitten in der Coronavirus-Pandemie wurde er mit dem Krankenwagen ins Sklifosowsky-Institut gebracht und notoperiert. Thomas hatte keine Verwandten in Moskau. Als ich von der Operation erfuhr, zögerte ich keine Sekunde und eilte ins Krankenhaus, um ihn zu sehen.

»Wir warten noch auf die Ergebnisse der Biopsie, es handelt sich um Krebs dritten oder vierten Grades«, sagte der Chirurg mit ruhiger Stimme.

»Gott, das kann nicht sein!« Alles in mir zerbrach.

Ich schrieb lange, hoffnungsvolle Nachrichten an seine Tochter und seine Schwester. Jeden Tag fuhr ich ins Krankenhaus, brachte Thomas die benötigten Sachen und Medikamente und begleitete ihn zu den Sprechstunden.

»Warum willst du dich in die Probleme anderer Menschen einmischen? Was bist du, Mutter Teresa? Hast du nicht schon genug eigene Probleme?« Meine Freunde zeigten mir den Vogel. Aber ich hörte nicht auf sie.

Als es Thomas besser ging, beschloss er, seine Behandlung im Vereinigten Königreich fortzusetzen. Früh am Morgen brachte ich ihn zum Flughafen Scheremetjewo und Thomas flog mit dem letzten möglichen Flug nach London ab. Ab Mitternacht des 22. Dezember setzte Russland wegen der Pandemie alle Flugverbindungen mit dem Vereinigten Königreich aus. Sechs Monate später unterzog sich Thomas einer weiteren Operation in seinem Heimatland. Allmählich ging es ihm besser.

»Ich habe beschlossen, Channel One zu verlassen«, schreibe ich ehrlich.

»Ich habe nie verstanden, wie eine so aufgeschlossene und sensible Person wie du dort arbeiten konnte.«

»Du weißt, ich bin allein, ich habe zwei Kinder, die ich ernähren muss. Es wird sehr schwierig für mich sein, eine neue Stelle zu finden. Alle oppositionellen Medien in Russland sind zerstört worden«, versuche ich mich zu rechtfertigen. Ich bin verbittert und angewidert.

»Nachdem ich den Krebs besiegt habe, habe ich mein Leben komplett umgekrempelt. Bleib einfach immer auf der Seite des Guten. Bleib beim Licht«, schreibt er schließlich.

Das verschlägt mir den Atem.

CNN zeigt ein zerstörtes Dorf in der Region Kiew. »Ein Mann, der fünf Familienmitglieder verlor, als eine russische Rakete sein Haus zerstörte: ›Gott, hilf, dies zu beenden‹«, lautete die Überschrift auf dem Bildschirm.

»Zivilisten in der Ukraine zahlen einen hohen Preis für Putins Invasion«, sagt der Moderator.

»Es gab eine gewaltige Explosion«, sagt ein Mann, der auf den Trümmern seines Hauses steht, »und wir wurden alle unter den Trümmern begraben. Meine zwölfjährige Tochter starb in einem Rollstuhl, und ich und meine beiden Enkel wurden unter den Trümmern hervorgezogen ...«

Es ist unmöglich zuzusehen. »Bleib auf der Seite des Guten«, geht es mir durch den Kopf. In diesem Moment verstehe ich sehr gut, was die ukrainischen Flüchtlinge durchmachen, denn ich habe als Kind das Gleiche erlebt.

7. Flüchtling aus Grosny

Grosny, 1984 – 1994

Wir sind zufällig in Tschetschenien gelandet. Ich bin sechs Jahre alt, als meine Mutter, die von Beruf Chemieingenieurin ist, eingeladen wird, das Labor der örtlichen Ölraffinerie in Grosny zu leiten. Es sind die Zeiten der Sowjetunion. Tschetschenien steht noch nicht auf der Landkarte, sondern die Tschetschenisch-Inguschetische Sozialistische Sowjetrepublik, in der Tschetschenen, Inguschen, Russen, Ukrainer, Armenier und Tataren friedlich zusammenleben. Zu dieser Zeit gibt es in Grosny keine nationalistischen Gefühle.

Es ist eine schöne Stadt, mit reifen Aprikosen im Sommer und kaum Schnee im Winter. Meiner Mutter gefällt Grosny sehr gut; sie hat immer davon geträumt, im Süden zu leben, und so hat sie ohne zu zögern unsere Wohnung im Ural gegen eine gleichwertige Wohnung in Grosny umgetauscht und wir sind umgezogen.

Ich klettere mit den Jungs auf Bäume, esse reife Maulbeeren und fahre Fahrrad. Am Morgen schickt mich meine Mutter mit einem Drei-Liter-Krug los, um Milch zu holen. Normalerweise wird die in einem riesigen Fass an den Laden nebenan geliefert. Gorbatschow ist bereits an die Macht gekommen und die Perestroika hat begonnen, begleitet von einer totalen Verknappung. Zu dieser Zeit gibt es in Grosny fast nichts in den Regalen. Als es mir dann gelingt, neben Milch auch noch Eis für 20 Kopeken zu kaufen, kennt meine Freude keine Grenzen mehr.

Ein Jahr später gehe ich zur Schule. Ich bin die Beste in meiner Klasse und versuche immer, bei den Schwimmwettbewerben die Erste zu sein. Als Schülerin werde ich auf dem zentralen Platz von Grosny ehrenvoll bei den Pionieren aufgenommen. Und ich bin von Stolz überwältigt.

Man kann sagen, es ist eine ganz normale sowjetische Kindheit. Zusammen mit meinen Klassenkameraden schleppe ich Altmetall und sammle Altpapier.

Doch in den späten 1990er-Jahren, als die Sowjetunion bereits aus allen Nähten platzt, lässt mein Pioniereifer schnell nach. Unbemerkt beginnen meine tschetschenischen Klassenkameradinnen, Kopftücher und Hidschabs anstelle von roten Krawatten zu tragen. Die sowjetische Propaganda verordnet den Tschetschenen den Atheismus, aber zu Hause wird den Kindern beigebracht, nach den Gesetzen des Korans zu leben.

Ich bin zwölf Jahre alt und habe wenig Ahnung von Religion oder Politik. Aber das Leben um mich herum beginnt sich schnell zu verändern. General Dschochar Dudajew kommt in der Republik an die Macht. Kurz vor dem Zusammenbruch der Sowjetunion, im Juni 1991, ruft er die unabhängige Republik Itschkeria aus. Dudajews Anhänger besetzen das Gebäude des Obersten Sowjets, das Fernsehzentrum und das Funkhaus. Von diesem Moment an bricht in Tschetschenien tatsächlich ein Bürgerkrieg aus. Bis an die Zähne bewaffnete Menschen laufen durch die Stadt.

Plötzlich ist ein Schild am Zaun in der Nähe unserer Schule zu lesen: »Russen nach Rjasan, aber Inguschen (Bewohner der autonomen Republik Inguschetien, Minderheit in Tschetschenien) nach Nasran!« Immer öfter kommt meine Mutter weinend nach Hause. Sie wird in Geschäften nicht bedient und in öffentlichen Verkehrsmitteln beleidigt. In unserem Briefkasten finden sich anonyme Drohbriefe, die uns auffordern, Tschetschenien besser zu verlassen.

Für den Rest meines Lebens werde ich mich an das letzte Schuljahr in Grosny erinnern. Mein tschetschenischer Klassenkamerad und ich kämpfen auf dem Schulhof auf Leben und Tod, buchstäblich bis das erste Blut fließt. Ich weiß heute nicht mehr, was der Grund für den Streit ist. Ich erinnere mich nur daran, dass wir und alles um uns herum von Hass und Aggression erfüllt ist. Keiner von uns will nachgeben.

Ich erzähle meiner Mutter nichts von dem Streit. Irgendwann verbietet sie mir, nach draußen zu gehen. Jeden Tag wird in den Zeitungen über zahlreiche Morde und Entführungen berichtet. Vor allem hat sie Angst, dass ich entführt werden könnte. Wenn wir aus dem Haus gehen, bittet mich meine Mutter, mein blondes Haar unter einer Mütze zu verstecken oder einen Schal umzubinden, wie es die Tschetschenen tun. Aber ich bin ein Teenager. Ich habe Angst, aber ich will nichts verbergen und wehre mich, so gut ich kann ...

Meine Empörungstirade wird irgendwann durch ein polterndes Geräusch unterbrochen. Ich bedeckte meinen Kopf mit meinen Händen und krieche instinktiv unter den Tisch. Plötzlich geht das Licht aus, und unsere Wohnung ist in völlige Dunkelheit gehüllt.

»Wir müssen so schnell wie möglich von hier verschwinden, bevor es einen großen Krieg gibt«, sagt Mama mit Sorge in ihrer Stimme.

Sie versucht, unsere Wohnung zu verkaufen, aber niemand will die Immobilie in Grosny mehr haben.

»Aus einer Militäreinheit in Grosny wurden Waffen gestohlen ...«, höre ich Wortfetzen des Moderators der Sendung *Wremja*, die aus einem Kasten mit Schwarz-Weiß-Fernsehen kommen. Draußen vor dem Fenster flackert ständig der Schein des Feuers. In den Außenbezirken der Stadt brennen zahlreiche Ölquellen, und die Schießereien hören nicht auf.

Im Dezember 1994 rücken Panzer auf Grosny vor. Boris Jelzin beschließt, die verfassungsmäßige Ordnung in der rebellischen Republik, die den Befehlen aus Moskau nicht gehorcht, mit Gewalt wiederherzustellen. Der erste Tschetschenienkrieg bricht aus und endet mit einem vorübergehenden Waffenstillstand. Im Jahr 1999 geht der Krieg weiter. Nach einer groben Schätzung sterben in diesen Kriegsjahren zwischen fünfzig- und neunzigtausend Zivilisten in Tschetschenien. Hunderttausende werden zu Flüchtlingen.

Wir verlassen unsere Wohnung und unser gesamtes Hab und Gut und schaffen es, Grosny zu verlassen, bevor die Feindseligkeiten in vollem Umfang einsetzen. Der überfüllte Zug bringt uns nach Südrussland in die Region Krasnodar.

»Wir werden Ihnen diese Unterkunft zur Verfügung stellen, während Sie in unserem chemischen Laboratorium arbeiten«, sagt der Wohnheimverwalter und führt meine Mutter und mich zu einer alten Baracke am Rande des Dorfes Ladoschskaja im Kuban-Gebiet (historische nordkaukasische Region, benannt nach dem Fluss Kuban, heute Bezirk Krasnodar). Hier gibt es einen Ofen, wir sollen uns mit Brennholz eindecken, die Toilette ist im Hof hinter dem Schuppen, im Tank ist Gas für den Kocher. Aber es ist besser, auf dem Herd zu kochen, das machen hier alle.

Der Verwalter geht, und wir bleiben allein in einem leeren Raum zurück. Nachdem wir in einer komfortablen Wohnung gelebt haben, sind diese Lebensbedingungen schockierend. Dies ist der Beginn der turbulenten neunziger Jahre, als nach dem Zusammenbruch der UdSSR ein mitreißender freiheitlicher Geist nach Russland kommt und demokratische Reformen beginnen. Dies geht einher mit Unsicherheit, Geldmangel und ausufernder Kriminalität. Das neue Labor, in dem meine Mutter arbeiten soll, wird nie eröffnet. Wie Millionen anderer Arbeitsloser hat sie keine andere Wahl, als sich auf eine völlig andere Arbeit einzulassen. Ich erinnere mich, wie meine Mutter in Krasnodar riesige Säcke mit Kleidern kauft, sie auf dem

Rücken auf den örtlichen Markt trägt und dort weiterverkauft, um Geld für Lebensmittel zu verdienen. Die intelligente, aber unerfahrene Frau, die das Handeln nicht gewohnt ist, wird ständig betrogen. Es herrscht eine katastrophale Geldnot.

»Wir haben heute Abend für nur fünf Rubel gegessen«, sagt meine Mutter eines Tages stolz. »Ich habe den Buchweizen und die grünen Erbsen im Angebot gekauft.«

Nach all diesen vielen Aufregungen wird bei ihr ein Krebstumor festgestellt und sie wird operiert. Ich besuche sie im Krankenhaus und bringe ihr etwas Selbstgekochtes, da es außer mir niemanden gibt, der ihr hilft.

Aus Grosny geflohen bin ich der einzige Flüchtling in meiner Klasse und werde von meinen Klassenkameraden an meiner neuen Schule mit Verachtung behandelt und ständig verspottet und verhöhnt. In Kuban hat schon immer eine besondere Mentalität geherrscht; Außenseiter waren dort noch nie gern gesehen.

»Dein Platz ist dort drüben in der letzten Reihe, du hässliche. Wage es nicht, dich uns zu nähern, verstanden?« Die bedrohlich laute, einschüchternde Galja, meine neue Klassenkameradin, trägt ein Sweatshirt mit bunten Pailletten und einen langen Faltenrock.

Damals gibt es noch keine Schuluniformen. Die Pioniere und der Komsomol (Jugendorganisationen der KPdSU) sind längst verschwunden, und alle meine Klassenkameraden gehen in Kleidung zur Schule, die sie auf dem örtlichen Markt gekauft haben.

Ich beiße mir auf die Lippe und setze mich in die letzte Bank. Ich sehe wirklich nicht gut aus: Ich trage einen labbrigen Pullover, an den Füßen habe ich durchweichte Stiefel aus billigem Kunstleder, und ich halte eine Plastiktüte in der Hand, die mir als Schultasche dient. Aber innerlich koche ich vor Empörung.

Morgens fährt ein Bus von unserer Siedlung zur Schule, der auch die Bauern zur Kolchose bringt. Nach der Schule muss ich nach Hause laufen. Jeden Tag laufe ich allein etwa sieben Kilometer die staubige Landstraße entlang. Zu Hause angekommen, tauche ich sofort in die Welt der Bücher ein. In einer kalten, ungeheizten Baracke mit rissigem Putz lese ich eifrig die Bücher, die ich mir aus der Schulbibliothek ausgeliehen habe, Werke von Leo Tolstoi, Gumiljow und Solschenizyn, Dreiser, Orwell, Kafka und Remarque, lerne Gedichte von Blok, Jessenin, Achmatowa, Zwetajewa und Bella Achmadulina auswendig. Der einzige Mensch, der mir zu dieser Zeit einen Hoffnungsschimmer gibt, ist meine Literaturlehrerin. Sie liebt mich. Ich kann viele Gedichte auswendig und darf sie ständig ausdrucksstark vor der ganzen Klasse vortragen.

Meine Mutter ist aus dem Krankenhaus entlassen worden. Die Ärzte haben ihr verboten, schwere Taschen zu tragen, und sie bekommt einen Job beim örtlichen Radiosender.

In diesem Moment wird mir klar, dass ich Journalistin werden will, um Menschen zu unterstützen, die unter Kriegen und Konflikten leiden … um alle Gedemütigten und Beleidigten eine Stimme zu geben.

Im Jahr 2000, als ich bereits für einen regionalen Fernsehsender in Krasnodar arbeite, kehre ich nach Grosny zurück. Ein Militärhubschrauber mit dem Abgesandten des Präsidenten Wiktor Kasanzew und dem tschetschenischen Staatschef Achmat Kadyrow an Bord startet von Rostow am Don in Richtung Grosny. Nach offizieller Lesart ist der zweite Tschetschenien-Krieg beendet, aber es gibt immer noch Schießereien und Terroranschläge in Grosny.

Zusammen mit einem Kameramann, der eine riesige Betacam-Kamera hält, sitzen wir im hinteren Teil des Hubschraubers. Wir sind die einzigen Journalisten, die auf diesem Flug mit Beamten nach Tschetschenien fliegen. Ich denke mit angehaltenem Atem daran, dass ich in wenigen Stunden in der Stadt meiner Kindheit sein werde.

Unser Hubschrauber fliegt über den zentralen Minutka-Platz in Grosny und feuert ständig IR-Täuschkörper (Raketen, deren Infrarot-Strahlung den Spektralbereich der vom Flugzeug ausgestoßenen heißen Triebwerksabgase simulieren oder überdecken sollen) ab. Dutzende von ihnen fliegen glühend in verschiedene Richtungen, aus der Ferne sieht es aus wie ein Feuerwerk, aber in Wirklichkeit sind es Wärmeköder, die uns vor feindlichen Zielsuchraketen schützen.

Ich versuche, vertraute Straßen auszumachen, aber alles, was ich unten sehen kann, sind düstere Häuserruinen. Der Hubschrauber landet in der Nähe des Regierungsviertels. Am nächsten Tag bitte ich die Beamten, uns in den Black River District zu bringen. Niemand will unser Filmteam eskortieren, da es gefährlich ist, dorthin zu gehen. Nach viel Überzeugungsarbeit werden uns ein gepanzerter APC-Mannschafts-transportwagen und eine Gruppe von Kämpfern zugewiesen. Wir fahren schnell zu meinem Haus. Mit klopfendem Herzen nähere ich mich dem vertrauten Gebäude, unser Eingang ist vorne zu sehen. Eine Granate hatte die Küche getroffen und unsere Wohnung vollständig in Trümmer gelegt. Neben der eingestürzten Wand bemerke ich das Kopfteil meines Bettes, das mit einer dicken Staubschicht überzogen ist. Ich kann die Tränen nicht zurückhalten...

»Nicht weinen... wir müssen weg, es ist gefährlich hier«, sagt mein Kollege.

Es gelingt ihm, ein paar Aufnahmen zu machen. Aus den baufälligen Wohnungen kommen Menschen heraus, von denen ich einige kaum als meine ehemaligen Nachbarn erkenne. Seit mehreren Jahren leben sie wie Obdachlose in den Trümmern, ohne Wasser, Licht und Heizung. Die gesamte Infrastruktur der Stadt ist zerstört. Im Jahr 2003 werden die Vereinten Nationen Grosny zur am meisten zerstörten Stadt der Welt seit dem Zweiten Weltkrieg erklären.

Auf dem Rückweg kann ich kein Wort herausbringen ...

Seitdem hasse ich den Krieg. Der Moment, als russische Truppen im Schutze der Nacht heimtückisch in die Ukraine einmarschieren, ist für mich der Punkt, an dem es kein Zurück mehr gibt. Die Rebellion in meiner Seele wächst mit jedem Tag.

8. Britischer Spion oder Verräter

Sonntag, 20. März 2022

Seit meinem Live-Protest sind nun fünf Tage vergangen. Ich bin es leid, mich zu verstecken, und habe meinen Anwalt gebeten, mich nach Hause zu bringen.

Das Auto fährt langsam auf das Tor der kleinen Siedlung zu, die hinter einem hohen Zaun am Stadtrand von Moskau liegt. Es ist später Abend. Ein schläfriger Wachmann öffnet widerwillig die Schranke. Wir fahren in die Siedlung hinein. In dieser Wohlfühloase stehen zweihundert neue zweistöckige Häuser, von denen einige noch nicht fertiggestellt sind.

Wir halten an einem niedrigen braunen Zaun mit Zweigen von wilden Weintrauben und gehen zu einem kleinen zweistöckigen Haus, dessen Wände gelb gestrichen und mit Natursteinen verziert sind.

»Ein schönes Haus haben Sie hier«, schwärmt der Anwalt.

»Ja, es ist ein Paradies für Kinder. Es gibt einen Wald, einen See, einen Fluss und Frieden … Meine ganze Energie und Zeit habe ich in dieses Haus gesteckt. Ich habe versucht, dafür zu sorgen, dass meine Kinder eine glückliche Kindheit haben und dass es ihnen an nichts fehlt.«

Der Anwalt verabschiedet sich. Das Leben scheint sich langsam wieder zu normalisieren. Nachdem ich meine Tochter ins Bett gebracht habe, gehe ich hinunter ins Erdgeschoss. Mein Sohn ist in seinem Zimmer und lernt für seine Prüfungen. In der Küche betteln zwei Golden Retriever, Mutter und Tochter, ein verspielter sechs Monate alter Welpe, um Futter. Ihre fünf Geschwister kamen woanders unter. Nur für sie muss ich noch einen Besitzer finden. Nachdem ich die Webseite des Hundezüchters besucht habe, versuche ich, wie üblich, Hundefutter beim Hersteller zu bestellen. »Ihr Konto ist gesperrt«, erscheint die Meldung auf dem Bildschirm. Ich glaube, da muss ein Fehler vorliegen.

Ich gieße ein Glas Wein ein, schneide etwas Käse, setze mich in einen Stuhl und versuche, mich zu entspannen. Aber das Telefon piepst ununterbrochen – es kommen endlos viele Nachrichten von Freunden, Bekannten und ausländischen Journalisten. Ich habe keine Zeit für eine Antwort. Auf dem Bildschirm erscheint eine Nachricht von einem ehemaligen Kollegen:

»Hast du das gesehen? Du wurdest gerade als britischer Spion bezeichnet.«

Ich öffne den mir zugesandten Videolink:

»Und nun ein weiteres Ereignis der Woche …«

Das vertraute Channel One-Studio und die Moderatorin, eine auffällige Blondine in einem roten Kleid, erscheinen auf dem Bildschirm.

»In der Live-Fernsehsendung *Wremja* erschien am Montag eine Frau mit einem Plakat hinter der Moderatorin. Wir sind dem nachgegangen. Ein paar Worte zu diesem Thema von meinem Kollegen Kirill Kleimenow, dem Nachrichtenchef von Channel One, der gerade bei mir im Studio ist.

Neben der Moderatorin erscheint mein ehemaliger Chef in einem dunklen Anzug:

»Ich wäre lieber aus einem anderen Grund hier im Studio erschienen«, sagt Kleimenow traurig und zeigt den Zuschauern von Channel One noch einmal ein Bild meines Protestes während der Live-Sendung.

»Innerhalb weniger Minuten war das Bild in allen führenden westlichen Medien zu sehen. Dies ist keine Übertreibung, Sie können es selbst sehen. Und vor dem Fernsehzentrum stand ein paar Minuten später ebenfalls eine Anwältin mit einem Plakat. Nach unseren Informationen hat Marina Owsjannikowa zuvor mit der britischen Botschaft gesprochen. Wer von Ihnen hat schon einmal mit einer ausländischen Botschaft telefoniert? Nicht mit der Visastelle, sondern direkt mit der Botschaft, mit einem Mitarbeiter, auch wenn er, wie sagt man, in Zivil ist? Ich, zum Beispiel, habe das noch nie getan. Was will ich damit sagen? Nein, nicht Spionagewahn. Das sollen speziell ausgebildete Leute machen. Mir geht es darum, die Dinge beim richtigen Namen zu nennen, das ist alles. Emotionale Impulse sind eine Sache. Verrat ist eine andere. (...) Verrat ist immer eine persönliche Entscheidung, der man nicht entkommen kann, wie Sie wissen. Andernfalls wäre die Weltgeschichte anders verlaufen, wenn man die berühmte Tat für dreißig Silberstücke als ›Impuls der Seele‹ bezeichnet hätte.«

Die bekannte Rhetorik von Channel One über Verräter raubt mir für einen Moment den Atem, als mein Sohn herunter in die Küche kommt.

»Was ist passiert?«, fragt er.

»Du wirst lachen, deine Mutter entpuppt sich als britische Spionin, Kleimenow hat es gerade auf Sendung gesagt.«

»Ha ha ha, lass mal sehen«, antwortete mein fast zwei Meter großer Sohn mit lautem Bass. »Wenn du ein Spion wärst, wärest du der schlechteste Spion aller Zeiten. Du würdest alle Geheimnisse ausplaudern. Das ist wirklich zum Lachen.«

»Jetzt verstehst du, wie Propaganda auf Channel One gemacht wird.«

»Deshalb wollte ich auch nie beim Fernsehen arbeiten ...«

»Ich bin wirklich froh, dass du nicht in die Fußstapfen deiner Eltern getreten bist und dich für ein Medizinstudium entschieden hast. Übrigens, erinnerst du dich daran, dass dein Vater und ich dich Kirill genannt haben, nach Kirill Kleimenow?«

»Ja, ich erinnere mich an diese Geschichte. Also gut, ich gehe ins Bett. Ich habe keine Zeit, mir diesen Mist im Fernsehen anzusehen ...«

Am nächsten Tag bezeichnet das britische Außenministerium die Erklärung des Nachrichtenchefs von Channel One, Kirill Kleimenow, über meine Verbindungen zur britischen Botschaft als Lüge:

»Wir haben keinen Kontakt zu Owsjannikowa aufgenommen. Dies ist eine weitere Lüge, die von der Desinformationsmaschinerie verbreitet wird.«

Die Rhetorik von Spionen und Verrätern ist ein beliebtes Propagandathema von Channel One. Im Jahr 2018, nach dem Giftanschlag auf die Skripals in Salisbury, legte Kirill Kleimenow, tatsächlich ein Geständnis ab: In der Sendung bestätigte er, dass der Kreml nicht nur in den Giftanschlag auf die Skripals verwickelt war, sondern auch in mehrere andere mysteriöse Todesfälle russischer Bürger, die sich auf britischem Boden ereigneten.

»Ich (...) wünsche niemandem den Tod«, sagte Kleimenow in der Sendung *Wremja*, »aber rein aus pädagogischen Gründen für alle, die von einer ähnlichen Karriere träumen, möchte ich eine Warnung aussprechen: (...) Der Beruf des Verräters ist einer der gefährlichsten der Welt. Statistisch gesehen ist er weitaus gefährlicher, als ein Drogenkurier zu sein. Selten haben diejenigen, die sich dafür entschieden haben, ihr Leben in Frieden und Ruhe bis zu einem ehrwürdigen Alter verbracht. (...)

Wählen Sie nicht England als zukünftigen Wohnsitz. Da stimmt etwas nicht. Vielleicht liegt es am Klima. Aber in den letzten Jahren gab es dort zu viele merkwürdige Unfälle – Menschen, die sich erhängten, vergiftet wurden, mit Hubschraubern abstürzten und reihenweise aus den Fenstern fielen.«

Bei Channel One bin ich möglichst unauffällig erschienen, habe in aller Stille mechanisch wie am Fließband meine Arbeit erledigt, wobei ich versuchte, mir so wenig wie möglich »die Hände schmutzig zu machen«, und bin danach wieder nach Hause gegangen.

Am Morgen fahre ich zum letzten Mal mit meinem Anwalt nach Ostankino. Ich muss mein Auto von dem riesigen Parkplatz des Fernsehzentrums abholen. Am Tor angekommen nimmt Anton meine Autoschlüssel und geht zur Sicherheitskontrolle. Ich warte vor dem Tor auf ihn. Einige Minuten später läutet mein Telefon.

»Haben Sie eine Pumpe in Ihrem Auto?«

»Ja, natürlich. Was ist passiert?«

»Entweder wurden alle Ihre Reifen zerstochen oder sie sind einfach nur platt. Ich werde mal sehen, ob ich sie aufpumpen kann ...«

»Ich verstehe. Das ist kleinliche Rache. Wahrscheinlich wurde einer der Polizisten entlassen, nachdem ein ›britischer Spion‹ in Ostankino eingedrungen war.«

Anton lacht laut auf. Eine halbe Stunde später fährt er meinen Geländewagen aus dem Tor des Fernsehzentrums: »Ich habe die Reifen aufgepumpt, sie scheinen in Ordnung zu sein. Fahren Sie lieber gleich in die Waschanlage und zum Autoservice. Lassen Sie das Auto gründlich waschen und sehen Sie nach, ob sich im Auto etwas befindet, das eine Wanze sein könnte ...«

»Glauben Sie, dass die wissen, wie Wanzen aussehen?« Ich lache.

Als ich bei der Autovermietung ankomme, frage ich einen Mitarbeiter nach einem kleinen Service:

»Können Sie mein Auto innen und außen inspizieren? Suchen Sie nach Fremdkörpern, insbesondere unter dem Unterboden.«

In den Augen des Mannes liegt ein Ausdruck der Überraschung. Er untersucht das Auto, findet aber nichts Verdächtiges. Ich bin erleichtert.

Die Flut von Nachrichten auf meinem Telefon reißt nicht ab. Nicht nur Journalisten aus Europa, sondern sogar aus Lateinamerika schreiben mir. Ich muss das ignorieren, sonst werde ich verrückt, denke ich, als ich vor meinem Sportverein vorfahre.

»Geben Sie mir den Schlüssel für das Fitnessstudio«, bitte ich die Empfangsdame und halte ihr meine Clubkarte hin.

»Ihre Karte wurde gesperrt«, antwortet sie.

Sie senkt ihren Blick auf den Boden und sagt, dass ich dort jetzt eine unerwünschte Person sei. Mein Vertrag wurde einseitig gekündigt...

Ich habe keine Lust zu streiten oder etwas zu beweisen, also drehe ich mich um und jogge stattdessen die Promenade entlang.

9. Unter Geheimdienst-Überwachung

Alle meine Konten in den Sozialen Medien wurden gehackt. Während ich versuche, wieder Zugang zu ihnen zu bekommen, erscheint auf Instagram eine gefälschte Seite mit meinem Namen und Bildern eines Mädchens, das genauso aussieht wie ich. Ihr Konto ist voll von neuzeitlichen Hakenkreuzen – Z- und V-Symbolen – sowie von zahlreichen Posts zur Unterstützung der Spezialoperation in der Ukraine.

Erst zehn Tage nach dem Live-Protest habe ich es geschafft, meine Facebook- und Instagram-Konten wieder auf Vordermann zu bringen. Ich fange an, private Nachrichten zu lesen:

»Marina, du hast mir meinen Glauben an den Journalismus zurückgegeben!«

»Es war ein frischer Wind, danke für die Wahrheit.«

»Marina, halte durch, wir sind bei dir! Pass auf dich auf!«

Als Nächstes kommt eine Nachricht von einem Mitarbeiter von Channel One:

»Sie haben vergessen, etwas in Ihre Profilüberschrift zu schreiben: ›gemeine Ratte‹. Gehen Sie nach Europa, weit weg von meinem Land. Und nehmen Sie die anderen Ratten mit. Keiner von Ihnen ist dieses Landes würdig.«

Und dann noch eine Nachricht von einer unbekannten Person: »Fall tot um, Verräterin!«

In diesem Moment erinnere ich mich daran, wie Jewgenija Albaz, Chefredakteurin der *Nowoje Wremja*, mich einmal während einer Live-Sendung fragte: »Haben Sie jemals darüber nachgedacht, was Sie sagen würden, wenn jemand auf Sie zukäme und sagte: ›Sie haben sich gegen unseren Präsidenten ausgesprochen, und Putin hat Leute wie Sie als Verräter bezeichnet, die man ausspucken sollte wie Mücken, die einem versehentlich in den Mund geflogen sind‹?«

Ich dachte einen Moment lang nach, bevor ich antwortete: »Ich hoffe wirklich, dass ich einer solchen Person nicht begegnen muss, denn in meinem Umfeld gibt es solche Menschen nicht. Ich lebe einer ziemlich wohlhabenden Gegend in Moskau. Hier sind die Menschen nicht aggressiv, sondern gebildet und rücksichtsvoll. Und selbst wenn jemand mit meinem Standpunkt nicht einverstanden ist, glaube ich nicht, dass ich irgendwelche Drohungen erhalten werde.«

Wie falsch ich damals lag. Weiterhin erhalte ich Unmengen von Drohungen von Putins Anhängern. In dem Moment, als ich bereits beschlossen habe, meine Psyche zu schützen und meine Nachrichten in den Sozialen Medien nicht zu lesen, sehe ich zufällig einen Beitrag einer vierundzwanzigjährigen Frau aus Samara. Kristina, eine Social-Media-Marketing-Spezialistin, hat mir angeboten, mich kostenlos zu unterstützen und mir im Umgang mit den Sozialen Medien zu helfen.

Ohne lange zu überlegen, stimme ich zu, denn es ist unmöglich, die Informationsflut allein zu bewältigen. Im Laufe der Zeit lernen wir uns besser kennen, und Kristina wird zu meiner Vertrauensperson. Zu jeder Tages- und Nachtzeit ist sie für mich da und weiß über fast alle meine Termine und Reisen Bescheid. Sie schreibt zahlreiche Google- und Twitter-Anfragen, richtet einen Zwei-Faktor-Schutz in Sozialen Netzwerken ein, kämpft gegen gefälschte Konten und kommuniziert sogar mit meinen Anwälten.

»Woher kennen Sie Kristina?«, fragt mich Rechtsanwalt Badamshin, als ich in seinem Büro ankomme.

»Ich habe sie zufällig im Internet getroffen.«

»Na und? Sie haben ihr alle Ihre Passwörter gegeben?«

»Ja, das hilft mir sehr.«

»Sind Sie verrückt, haben Sie sie jemals gesehen? Vielleicht ist sie eine Geheimagentin?«

»Das glaube ich nicht. Sie hat mich noch nie im Stich gelassen, und aus irgendeinem Grund vertraue ich ihr. Ich hoffe, meine Intuition lässt mich nicht im Stich.«

»Ha ha«, grinst Badamshin vielsagend. »Sie glauben einer Frau, der Sie nie begegnet sind. Nun, wir werden sehen, wir werden sehen ...«

»Vielleicht sind Sie der Geheimagent«, scherze ich zurück.

»Natürlich kursieren ständig Gerüchte über mich, dass ich für den FSB arbeite.«

»Ich verstehe, wir müssen unsere Augen und Ohren für Sie offen halten. In einer halben Stunde habe ich eine Live-Sendung mit dem italienischen Sender RAI.«

»Sagen Sie ihnen, dass die Sanktionen dem Leben der Menschen im Wege stehen.«

»Natürlich sollten sich die Sanktionen gegen Putin und sein Gefolge richten, gegen diese Bande von Kriminellen, die die Macht an sich gerissen hat.«

»Wie heißt die Sendung der Italiener?«

»Eine Abendsendung, so etwas wie unser *Wetschernij Urgant* (russische Late-Night-Talkshow) – die Verbindung ist schon vorbereitet. Es wird live sein.«

Der imposante »che tempo che fa«-Moderator Fabio Fazio erscheint auf dem Bildschirm.

»Guten Abend, unser heutiger Gast ist die russische Journalistin Marina Owsjannikowa, die sich im staatlichen Fernsehen live gegen die russische Invasion ausgesprochen hat.«

Wieder einmal berichte ich live im Fernsehen über meinen Protest und spreche mich gegen Putin aus, der einen verbrecherischen Krieg entfesselt hat.

»Vielleicht wollen Sie den Menschen, die Sie jetzt hören können, etwas Wichtiges sagen ...«

»Ich möchte einen wichtigen Punkt hinzufügen. Viele Russen leiden derzeit zusammen mit den Ukrainern. Natürlich werden sie nicht beschossen oder bombardiert, aber die Russophobie in der Welt hat kolossale Ausmaße angenommen. Sie sehen, dass nicht nur die Oligarchen unter den Sanktionen leiden, sondern auch die einfachen Menschen, vor allem die westlich orientierte Mittelschicht, die sich damit konfrontiert sieht und sich noch mehr um Putin schart. Russophobie führt zu einem Rückschlag in der Gesellschaft, daher müssen wir einen Dialog zwischen Russland und Europa aufbauen. Und dieser Dialog kann durch die Kultur aufgebaut werden, das ist der einzige Weg, unsere Beziehungen wiederherzustellen, es ist die Kultur, die uns vereinen kann ...«

»Ja, wir sind alle Teil der großen russischen Kultur, heutzutage müssen wir Dostojewski wieder lesen. Nochmals vielen Dank für Ihren Mut, Marina«, sagt Fabio Fazio zum Abschied.

Der erste Monat des Krieges neigt sich dem Ende zu. Damals bin ich noch davon überzeugt, dass Putin einzig und allein die Schuld am Krieg trägt. Ein paar Tage später denke ich anders darüber. Die Berichte über die Gräueltaten der russischen Soldaten in Butscha lassen die ganze Welt erschaudern. Ich lese Schlagzeilen, die mir das Blut in den Adern gefrieren lassen:

AFP: »Mindestens 20 Leichen auf einer Straße einer Stadt in der Nähe von Kiew gesehen.«

The Guardian: »Horror in Butscha: Russland wird der Folter und des Massakers an Zivilisten beschuldigt«.

Es ist nicht nur Putins Krieg. In Butscha sind Kriegsverbrecher am Werk.

»Ich weiß nicht, wie wir uns bei den Menschen in der Ukraine rehabilitieren können«, schreibe ich am nächsten Tag in den Sozialen Medien. Ich bin verbittert und angewidert.

Ich will den Ukrainern wirklich helfen, aber zu diesem Zeitpunkt weiß ich noch nicht, wie ich das tun kann.

Ein paar Tage später stoße ich in einem der Telegram-Kanäle auf eine Nachricht: »Flüchtlinge brauchen Kleidung und Hygieneartikel«. Darunter steht die Adresse eines Sanatoriums in der Region Kaluga, etwa zweihundert Kilometer von Moskau entfernt.

»Hallo, welche Art von Hilfe wird benötigt?«, frage ich, als ich die Nummer gewählt habe.

»Wir brauchen Kleidung, Schuhe, insbesondere für Kinder, und Hygieneartikel. Wir haben hier eine Menge Kinder. Das jüngste ist ein zwei Monate altes Baby aus Charkiw, und es gibt viele Kinder im Alter von zwei bis zwölf Jahren«, antwortet eine Frauenstimme am anderen Ende der Leitung.

Mehrere Tage lang bringen meine fürsorglichen Freunde und Nachbarn Sachen und Spielzeug zu mir nach Hause. Sie stellen alles sorgfältig zusammen, verpacken es und sagen mir, was in welcher Tüte ist.

»Das sind Windeln für das zwei Monate altes Baby aus Charkiw, das sind Sachen für seine Mutter. Geben Sie ihnen das alles«, sagt eine junge Frau, die selbst frischgebackene Mutter ist, an der Türschwelle.

»Natürlich werde ich das. Machen Sie sich keine Sorgen.«

Drei Tage später ist das Erdgeschoss meines Hauses fast vollständig mit Säcken voller Sachen gefüllt. Ein anonymer Mann überweist mir zum Dank dreißigtausend Rubel auf mein Bankkonto, damit ich die Strafe bezahlen kann. Ich beschließe, auch dieses Geld für die Flüchtlinge zu verwenden. Es sind so viele Sachen, dass ich einen Kleinbus bestellen muss.

Am nächsten Tag reisen Journalisten eines großen japanischen Fernsehsenders mit mir in die Oblast Kaluga. Wir haben sie am Tag zuvor bei der Aufzeichnung eines Interviews kennengelernt.

Das Lagertor ist geschlossen. Am Eingang steht ein Wachmann. Mehrere Polizeibeamte befinden sich in der Nähe. Es ist uns nicht erlaubt, das Sanatorium zu betreten. Eine ältere, mürrische Frau in einem schwarzen Schafspelzmantel kommt auf uns zu.

»Was haben Sie mitgebracht? Diese Menschen brauchen nicht viel. Ich nehme nur neue Dinge mit. Bringen Sie den Rest zum Roten Kreuz.«

»Wie kommt das?«, wundere ich mich. »Das ist nicht das, was Sie mir am Telefon gesagt haben. Wir sind Journalisten, können wir mit Flüchtlingen sprechen?«

»Nein. Wir sind wegen Quarantäne geschlossen.«

Zwei Männer in Zivil stehen neben dem Auto. Sie folgen dem Kameramann, der das Ausladen der humanitären Hilfsgüter filmt.

»Diese Menschen sehen eher nach Geiseln als nach Flüchtlingen aus«, sage ich, als wir ins Auto steigen und zum Roten Kreuz fahren.

»Ja, sie werden sehr sorgfältig bewacht. Es ist unwahrscheinlich, dass wir mit ihnen reden können«, stimmt der Produzent des japanischen Fernsehens zu.

In diesem Moment klingelt sein Telefon. Er beginnt auf japanisch zu sprechen. Ich verstehe nichts, ich verfolge nur seine Mimik, nach jedem neuen Satz wird sein Gesicht angespannter und dunkler.

»Es sieht so aus, als ob wir in Schwierigkeiten stecken«, sagt der Produzent und beendet das Telefonat, »wir fahren zurück nach Moskau. Wir können das Video nicht zeigen, wir müssen es vernichten.«

»Was?!? Sie sind verrückt!!! Dies ist das einzige Video von dieser Reise. Sie können es nicht zerstören! Ich selbst habe nur geschafft, ein paar Fotos zu machen. Was ist passiert?«

»Das war gerade mein Chef in Tokio. Sie erhielten einen Anruf aus Moskau und wurden angewiesen, nichts zu zeigen. Andernfalls würden sie unser Moskauer Büro schließen.«

»Werden Sie bedroht?«

»Das ist nur ein Befehl aus Tokio. Ich muss gehorchen, es tut mir leid. Wir gehen ein großes Risiko ein.«

»Was ist mit der Redefreiheit? Warum tanzen Sie nach der Pfeife des Kremls?«

»Ich kann nichts dagegen tun.« Er senkt den Blick.

»Wie haben sie uns so schnell gefunden?«, wundere ich mich.

»Ich glaube, sie haben das Nummernschild unseres Autos zu uns zurückverfolgt. Es ist auf unser Moskauer Büro registriert.«

»Was für ein Tempo! Wir sind noch nicht mal eine Stunde hier. Und sie haben Sie bereits ausfindig gemacht und Ihr Büro in Japan angerufen. Sind Sie sicher, dass Sie das nicht ausstrahlen können?«

»Auf jeden Fall wollen wir unsere Arbeitsplätze nicht verlieren.«

»Geben Sie mir das Video, und ich werde es an andere Journalisten weitergeben.«

»Es tut mir leid, aber das kann ich nicht«, antwortet mein Begleiter.

Im Auto herrscht eine eisige Stille.

Durch das Fenster unseres Geländewagens sehen wir in schneller Folge die kahlen Bäume am Straßenrand. Müde und frustriert fahren wir auf die Moskauer Ringstraße.

10. Ein einzigartiger Beruf

Krasnodar, 1996–2002

Beim ersten Mal schaffe ich es nicht auf die Universität. Mir fehlt ein Punkt für ein kostenloses Studium. Ich weine und bitte meine Mutter, Geld aufzutreiben, damit ich an der Fakultät für Journalismus studieren kann, aber es gibt keine finanzielle Unterstützung für uns Flüchtlinge. Ich verbringe ein Jahr am Studienkolleg der Staatlichen Universität Kuban und bereite mich von morgens bis spät in die Nacht auf die Prüfungen vor. Die Freizeit muss auf Eis gelegt werden, ich gönne mir keinerlei Zerstreuung. Glücklicherweise ist dieses Opfer nicht umsonst, und im folgenden Sommer habe ich mein Ziel erreicht.

»Journalismus ist ein besonderes Berufsbild. Wenn Sie nur studieren, aber keine Artikel schreiben oder Reportagen drehen, werden Sie kein guter Journalist.«

Diesen Satz meines Professors aus einer der ersten Vorlesungen nehme ich mir zu Herzen. Schon im ersten Jahr meines Studiums mache ich mich auf die Suche nach Arbeit. Zuerst schreibe ich als Freiberuflerin Artikel für eine Regionalzeitung, dann mache ich Reportagen für das Radio. In meinem zweiten Jahr komme ich zum Fernsehen.

Ich arbeite für die wichtigste Nachrichtensendung in der Region Krasnodar. Sie wird von fünf Millionen Menschen gesehen. Und die Redakteure sind allesamt Praktikanten. Das Fernsehen wird zu unserem Lebensinhalt. Wir sind bereit, von morgens bis spät in die Nacht umsonst am Set zu arbeiten, und tun dies mit Feuer und Flamme.

Die Arbeit als Journalistin ist für mich aufgrund der Intensität und Vielseitigkeit ideal. Ich brauche keine Wochenenden.

65

Am Montag bin ich auf einem Filmfestival, am Dienstag in einem Kuhstall, am Mittwoch treffe ich mich mit Beamten, am Donnerstag bin ich im Gefängnis und schreibe ein Interview mit einem Mörder, am Freitag habe ich eine Geschichte über die Dürre, am Samstag eine über ein versagendes Abwassersystem und am Sonntag eine über Korruption.

Dies ist die Schlussphase der »goldenen Ära« in der Geschichte des modernen russischen Journalismus. Überall herrscht noch der Geist der absoluten Freiheit. Ich will alle Menschen vor der Gesetzlosigkeit retten, alle Kriminellen entlarven und die Beamten dazu bringen, die Zustände auf allen Straßen der Stadt zu verbessern. Ich habe den Eindruck, dass ich mich als Journalistin wirklich für das Gemeinwohl einsetzen kann. Aber ich bin sehr jung und naiv. Die Realität sieht ganz anders aus.

Eines Abends sitze ich spät im Fernsehzentrum und will gerade nach Hause gehen.

»Marina, es ist niemand außer dir hier«, sagt der Chefredakteur zu mir, »es gibt einen dringenden Auftrag. Wir müssen jetzt sofort zum Flughafen fahren. Der Chef des FSB (Föderaler Sicherheitsdienst), Wladimir Putin, wird in einer Stunde einfliegen. Wir müssen ihm einige Fragen stellen.«

»Worüber?«

»Ich weiß es nicht. Alles ist sehr geheim. Es sind keine Informationen verfügbar. Fragen Sie ihn nach dem Zweck seines Besuchs in der Region Krasnodar.«

»Okay, ich werde mich vor Ort darum kümmern.«

Es regnet, und in der Ferne sind die Lichter der Landebahn zu sehen. Zusammen mit dem Kameramann stehe ich in der Business Lounge des Flughafens Krasnodar. Außer uns sind keine Journalisten da. Eine halbe Stunde später betreten mehrere Männer in dunklen Anzügen den Raum. Unter ihnen erkenne ich den neu ernannten Leiter des FSB.

»Guten Abend, Wladimir Wladimirowitsch, was ist der Grund für Ihren Besuch in der Region Krasnodar?«, frage ich und halte ihm das Mikrofon hin.

»Kennen Sie den Grund meines Besuchs nicht? Was machen Sie überhaupt hier?«, erwidert Putin mit gereizter Stimme. »Ich bin gekommen, um einen neuen Leiter des FSB für die Region Krasnodar zu ernennen.«

Er wendet sich abrupt vom Mikrofon ab und geht, begleitet von seinen Wachen, zügig auf die wartende schwarze Limousine zu. Ich habe keine Zeit, ihm eine zweite Frage zu stellen. Und ich habe keine Ahnung, dass ich gerade den Mann getroffen habe, der die unabhängigen Medien in Russland völlig zerstören wird und der außerdem versuchen wird, in die Weltordnung einzugreifen und der damit Millionen von Menschen in größtes Leid stürzen wird.

Und ich habe natürlich auch keine Ahnung, dass Margarita Simonjan, ein Jahr nach mir immatrikuliert und keine herausragende Journalismus-Studentin, in ein paar Jahren den verhassten Fernsehsender Russia Today (RT) leiten und eine von Putins wichtigsten Propagandistinnen werden wird. Zu Beginn des Krieges wird sie einen Atomschlag gegen die Ukraine fordern.

Ich höre zum ersten Mal von Margarita Simonjan, als ich bereits für das regionale Fernsehen arbeite. Es gibt einen Skandal, als sie als freiberufliche Reporterin für die kleine städtische Fernsehgesellschaft Krasnodar versucht, ihr Material nach Moskau zum Fernsehsender Rossija zu senden. Dies kann nur von unserem Kontrollraum aus geschehen. Wladimir Runow, der Direktor des Fernsehsenders Kuban, erlaubt ihr aber nicht, diesen zu betreten. Für ihn ist Simonjan eine ziemlich mittelmäßige Journalistin, die sich weder durch Intelligenz noch durch ihr Aussehen hervortut. Seiner Meinung nach kann sie es auf keinen Fall in einen nationalen Sender schaffen.

Doch er irrt sich gewaltig. Gerade auf solche unscheinbaren Provinzdarsteller setzt Putins Regime damals am meisten. Man kann sagen, dass er sie geradezu sucht. In Moskau gibt es Hunderte von gut ausgebildeten Journalisten, doch plötzlich wird der neu gegründete Fernsehsender Russia Today, der über ein Milliardenbudget verfügt, von einer unbekannten 25-jährigen Journalistin aus Krasnodar namens Margarita Simonjan geleitet. Es wird gemunkelt, dass ihre Bekanntschaft mit Alexej Gromow in der Präsidialverwaltung und die Unterstützung durch die armenische Minderheit ihr dabei geholfen haben. Ob das stimmt oder nur ein Gerücht ist, kann ich nicht sagen.

Das Schicksal von Margarita Simonjan interessiert mich zu diesem Zeitpunkt jedoch überhaupt nicht. Meine Karriere im Regionalfernsehen entwickelt sich rasant. Ich verändere mich von der Reporterin zur Moderatorin und werde dann stellvertretende Chefredakteurin der Nachrichten. Ich habe sogar mein eigenes Programm. Als unabhängige Kandidatin versuche ich, für die Stadtduma von Krasnodar zu kandidieren, scheitere aber leider. Damals bewundere ich Putin sehr und will in den Schaltstellen der Staatsmacht arbeiten. Also schreibe ich mich sogar in der Abteilung für Informationspolitik an der Präsidentenakademie für den öffentlichen Dienst in Moskau ein.

Aber je höher ich auf der Karriereleiter aufsteige, desto mehr spüre ich den Druck auf uns Journalisten. Die bundesweiten Nachrichtensendungen müssen mit dem Präsidenten beginnen, die regionalen Nachrichtensendungen mit dem Gouverneur. In der Region Krasnodar übernimmt Alexander Tkatschow dieses Amt.

Unaufhörlich gehen Anrufe von der regionalen Verwaltung bei uns ein. Oft ist die stellvertretende Gouverneurin, eine alte Freundin des Gouverneurs, in der Leitung. Zuvor hat sie im agroindustriellen Bereich gearbeitet, doch nun gibt sie Journalisten Anweisungen: »Sie sollten nur Gouverneur Alexander Tkatschow zeigen. Sein Treffen mit seinem Stellvertreter, dann mit den Viehzüchtern. Warum haben Sie gestern nicht über den Besuch des Gouverneurs im Krankenhaus berichtet? Wie kommt es, dass Sie keine Zeit hatten, das zu bearbeiten?«

»Wir haben es einfach nicht mehr rechtzeitig geschafft«, antwortet mein Chef. »Gestern gab es einen schweren Unfall mit einem Reisebus, bei dem viele Menschen starben. Das war die Schlagzeile.«

»Die Schlagzeile ist der Gouverneur, nicht der Reisebus!«, ruft die verärgerte Stimme am anderen Ende der Leitung.

Irgendwann werden mir die Augen geöffnet. Mir wird klar, dass ich nicht länger den Interessen der kleinen Beamten dienen will. Junge Journalisten haben das Bedürfnis, der muffigen Atmosphäre in der Provinz zu entfliehen und nach Moskau zu gehen. Ich will auch dorthin, aber ich bin unentschlossen. Eine Gelegenheit bietet sich, als die Leitung unseres Senders wechselt und die Entlassung unerwünschter Mitarbeiter beginnt.

»Sie werden nicht mehr für die Nachrichten zuständig sein«, teilt mir die neue Chefin, eine Blondine mit lockigem Haar, mit feindseliger Stimme mit.

Ohne zu zögern, nehme ich ein Blatt Papier und schreibe mein Kündigungsschreiben. Ein paar Tage später, nachdem ich alles in Krasnodar stehen und liegen gelassen habe, bin ich auf dem Weg nach Moskau. Ich muss mein Leben noch einmal ganz neu beginnen. Alles, was ich bei mir habe, ist die abenteuerliche Hoffnung, einen Job beim Fernsehen zu finden. Ich habe noch Geld für zwei Monate auf meinem Bankkonto.

11. Ein privater Club für die Elite

Moskau 2002–2021

Moskau begrüßt mich mit einem stechenden Wind und Kälte. Unmittelbar nachdem ich das Flugzeug verlassen habe, stürmen Terroristen das Dubrowka-Theater und fordern den Abzug der Truppen aus Tschetschenien. Sie nehmen mehr als 900 Geiseln. In den folgenden drei Tagen sitzt das ganze Land vor dem Fernseher. Eine Live-Übertragung folgt auf die andere.

»Komm bald nach Hause«, ruft mir meine Mutter entsetzt zu. Aber ich bin entschlossen in Moskau zu bleiben und will nicht aufgeben. Ich miete ein Zimmer in einem Vorort und suche einen Job.

Wieder einmal muss ich alle Vorhöfe der Hölle durchschreiten. Zunächst als Freiberuflerin bei einer Zeitung, dann bei einer Werbeagentur und einem Sportfernsehsender.

»Komm heute Abend vorbei und wir testen dich als Autorin, du weißt doch, wie man Eyeliner schreibt, oder?«

Mein neuer Bekannter aus Ostankino ist der leitende Nachrichtenredakteur bei Channel One. Ich schüttele energisch den Kopf und kann mein Glück kaum fassen. Es ist mein größter Traum, bei Channel One zu arbeiten. Es ist aber unmöglich, dort eine Anstellung zu bekommen, ohne einen Gönner zu haben.

»Schau, es ist wie ein privater Club«, erklärt er, »die Freunde, Kinder und Ehefrauen von irgendjemandem arbeiten dort. Selbst wenn du einen Praktikumsplatz bekommen solltest, ist es nicht sicher, dass dir am Ende auch ein Vertrag angeboten wird. Es kann sein, dass du ein paar Monate lang umsonst arbeitest und dann gehst. An deiner Stelle wird dann ein neuer Praktikant eingestellt.«

Aber ich bin bereit, alles zu tun. Morgens renne ich zu meinem Seminar an der Präsidentenakademie, und abends eile ich zum Fernsehzentrum Ostankino. Der vorläufige Papierausweis, den ich am Eingang vorlege, ist der Beweis für meine Zugehörigkeit zu einer bestimmten Kaste.

Ich arbeite fast vier Monate lang umsonst. Von 19 Uhr bis 3 Uhr morgens transkribiere ich Berichte von Nachrichtenagenturen, bearbeite Pressemitteilungen und erstelle Zusammenfassungen von Berichten. All dies liest der Moderator dann auf Sendung für den Fernen Osten und Sibirien vor. In Moskau ist es mitten in der Nacht, aber am Ort der Ausstrahlung ist es bereits heller Tag. Alle Neulinge werden zunächst in diesen regionalen Sendungen getestet, die immer als zweitrangig angesehen werden.

Es ist der Krieg, den ich so sehr hasse, der mich in den »Privatclub« bringt. Im März 2003 marschieren die amerikanischen Truppen in den Irak ein. Anlass ist die Behauptung der Regierung von George W. Bush, dass Saddam Hussein über Massenvernichtungswaffen verfüge und sein Regime daher eine ernsthafte Bedrohung darstelle. US-Außenminister Colin Powell präsentiert auf dem UN-Podium ein Reagenzglas mit Milzbrandsporen, um die Zweifler zu überzeugen. Allerdings wird er ein Jahr später zugeben, dass im Irak keine Massenvernichtungswaffen gelagert wurden. Die Informationen, die ihm von der CIA übermittelt wurden, waren falsch. Der Vorwand für die militärische Aggression war sehr weit hergeholt.

Nach der amerikanischen Invasion im Irak benötigt Channel One dringend Mitarbeiter mit Englischkenntnissen. Ich muss CNN und Al Jazeera auswerten, die über die neuesten

Entwicklungen der Kämpfe berichten. Schließlich wird mir ein Vertrag angeboten, der jedoch jeden Monat verlängert werden muss.

Und sechs Monate später bin ich bei Channel One angestellt und habe ein festes Gehalt. Ich bin glücklich! Es scheint, dass die dunkle Zeit in meinem Leben vorbei ist, ich bin endlich ein vollwertiges Mitglied in diesem Club der wenigen Auserwählten.

Am ersten Tag gehe ich mit angehaltenem Atem in die Hauptredaktion. Es ist ein großer Raum mit großen Fenstern, vielen Computern und einem langen Tisch in der Mitte. Dahinter bereitet sich ein Team von Regisseuren auf die Ausstrahlung vor. Mehrere Personen sind damit beschäftigt, den Ablauf der Sendung vorzubereiten, die Kameras im Studio zu verteilen und die Bandnummern zu überprüfen. Die Moderatoren sitzen an beiden Enden des Raumes hinter Glaswänden. Auf der rechten Seite ist Schanna Agalakowa, Moderatorin der Tagesnachrichten. Auf der linken Seite ist die Moderatorin des Programms *Wremja*, Jekaterina Andrejewa, zu sehen. Sie sind die Stars des Senders. Sie erscheinen mir wie Götter.

Damals kann ich mir nicht vorstellen, wie unerwartet und seltsam sich unsere Lebenswege kreuzen werden. Andrejewa wird das Gesicht von Putins Propaganda werden, mehrere Länder werden deswegen persönliche Sanktionen gegen sie verhängen. Ich werde Anti-Kriegs-Slogans in ihre Sendung rufen, während sie weiterhin so tun wird, als ob nichts geschehen wäre. Obwohl sie später sagen wird, dass sie mit den Anti-Kriegs-Slogans auf meinem Plakat einverstanden gewesen ist.

Und Agalakowa wird bald den Moderatorstuhl verlassen, da sie den beginnenden Druck auf die Informationsmedien spürt, und als Auslandskorrespondentin nach Paris gehen. Als der Krieg ausbricht, wird sie aus Protest Channel One verlassen und auf alle staatlichen Auszeichnungen verzichten. Sie wird ihre Medaillen per Paketpost an den Kreml zurückschicken, mit dem Vermerk: »Herr Präsident, Ihre Führung stürzt das Land in den Ruin. Ich finde Ihre Auszeichnungen nicht annehmbar«. Schanna wird diejenige sein, die mich mit den Menschen in Verbindung bringt, die mir helfen werden ... Aber dazu später mehr.

Die Nachrichtenredaktion steht unter Strom. Ich sitze am Computer und ringe um die richtigen Worte, um die Storys zusammenzufassen. Ich habe die Vorstellung, dass der wichtigste Fernsehsender des Landes auf eine angemessene Art und Weise schreiben muss.

»Jeder schreibt so, wie er atmet«, sagt Schanna und unterbricht meine Qual. Indem sie ein paar Sätze umstellt und ein paar Wörter ersetzt, macht sie den Text sofort leicht verständlich und klar. Es sind noch knapp zwanzig Minuten bis zu den 15-Uhr-Nachrichten.

»Wo ist der Text über das Feuer-Festival in Spanien? Ich brauche ihn sofort«, sagt ein kleiner Mann mit großen blauen Augen, der hinter mir steht. Als ich mich umdrehe, ist er sichtlich verlegen.

Igor ist 23 Jahre alt und Regieassistent. Er wurde von seiner Mutter zu Channel One gebracht, die dort als Produktionsredakteurin arbeitet. Obwohl sie »zum Club gehört«, muss auch er ein langes Praktikum absolvieren, um in diesen Kreis der Bevorzugten aufgenommen zu werden. Igor nimmt mich sofort in seine Obhut. Er stellt mich seinen Kollegen vor, wir gehen in den Pausen zum Mittagessen in ein Café in der Nähe des Fernsehzentrums und treffen wir uns mit seinen Freunden außerhalb der Nachrichtenredaktion. Es ergibt sich einfach so, dass wir ein Paar werden. Ein Jahr, nachdem wir uns kennengelernt haben, heiraten wir und bekommen einen Sohn.

»Nennen wir ihn Kirill, wie den besten Moderator von *Wremja*, Kirill Kleimenow«, schlage ich vor. »Tolle Idee, der Name gefällt mir«, stimmt mein Mann zu.

Neben mir im Kinderbett, eingewickelt in ein Bündel Windeln, schläft ein kleines neugeborenes Baby tief und fest.

Ende 2012 beschließt die Staatsduma als Reaktion auf die US-Sanktionen, Amerikanern die Adoption russischer Kinder zu verbieten. »Das Schurkengesetz« wird es im Volksmund genannt. 259 Kinder, meist mit Entwicklungsstörungen, die bereit waren, zu ihren Adoptiveltern in die USA geflogen zu werden, bleiben für immer in Russland. Das Leben der meisten von ihnen hätte mit Hilfe von Technologien, die diesen Waisen in Russland nicht zur Verfügung stehen, viel einfacher gestaltet werden können. In unserem Land ist es sehr schwierig, behinderte Kinder zu adoptieren. Diese Kinder sind dazu verdammt, ihr ganzes Leben in staatlichen Waisenhäusern zu verbringen. Das ist gleichbedeutend mit Gefängnis.

»Wie können sie nur so rücksichtslos sein?!« Ich bin entrüstet.

»Putin tut das Richtige, unsere Kinder sollten in Russland bleiben«, antwortet Igor.

Er ist dabei, die Karriereleiter zu erklimmen. Seit unserer Heirat hat er mehrere staatliche Fernsehanstalten gewechselt und ist in den letzten Jahren im Topmanagement des Fernsehsenders Russia Today tätig. Seine Chefin ist Margarita Simonjan, die ich ja aus Krasnodar kenne. Die Rollen in unserer Familie teilen sich auf: Er verdient das Geld und arbeitet an seiner Karriere, während ich mich um die Familie und die Kinder kümmere und nach einem angenehmen Zeitplan arbeite. Zu diesem Zeitpunkt haben wir bereits unsere Tochter. Ich will ein ruhiges, beschauliches Leben.

Für meine winzige Wohnung in einem Moskauer Vorort nehmen wir eine Hypothek auf und ziehen zunächst in eine

Zweizimmerwohnung am Stadtrand und dann in eine Drei-
zimmerwohnung. Doch nach dem starken Anstieg des Wech-
selkurses wird der Dollarkredit unerschwinglich. Es besteht
die Gefahr, dass wir obdachlos werden. Also handele ich. Wir
verkaufen die Wohnung, zahlen die Hypothek ab und kaufen
mit dem verbleibenden Geld ein kleines Stück Land.

Ich beschließe, dass ich mir selbst mein Traumhaus bau-
en kann. Das Geld ist knapp und die Aufgabe unglaublich
schwierig. Um Geld zu sparen, fungiere ich ein paar Jahre lang
als Vorarbeiterin. Jeder meiner freien Tage beginnt mit dem
Einkauf von Baumaterialien und der Überprüfung der Versor-
gungsleitungen. Und er endet in der Regel mit einem Streit
mit den Bauarbeitern, die wieder einmal vergessen haben, den
Graben auszuheben oder die Dämmung anzubringen.

Nach zwei Jahren ist der Hausbau vollbracht und wir ziehen endlich aus der provisorischen Unterkunft aus und in
unser eigenes Haus ein. Die Inneneinrichtung ist noch nicht
fertig und die Heizung funktioniert nicht, aber ich bin trotzdem sehr stolz. Das ehrgeizige Projekt ist abgeschlossen. Wir
werden die Hypothek los, und unsere Kinder wachsen fernab
der geschäftigen Metropole auf.

Igor ordnet die Bücher in den Regalen des Arbeitszimmers,
die meisten davon sind Werke des Propagandisten der »russischen Welt« Alexander Dugin. Zunächst schenke ich dem
keine große Beachtung, aber mit der Zeit beginnen unsere
unterschiedlichen ideologischen Positionen unsere familiären
Beziehungen wie Rost zu zerfressen. Oft streiten wir uns bis
zum Äußersten:

»Anstatt sich um unsere Bürger zu kümmern, gibt der
Kreml viel Geld für Gehirnwäsche aus«, sage ich zu meinem
Mann. »Ich möchte nicht, dass unsere Steuergelder Russia
Today finanzieren. Ihr seid mit der Zombifizierung von Aus-
ländern beschäftigt.«

»Wir arbeiten im Interesse des Landes«, argumentiert Igor leidenschaftlich. »Putin ist ein großer Geopolitiker, er denkt global. Und das Fernsehen ist überall ein Propagandainstrument«, antwortet er. »Glaubst du, dass es in Amerika keine Propaganda gibt?«

»Ja, aber in Amerika gibt es neben CNN auch Fox News, und man kann jederzeit den Kanal wechseln, vergleichen und analysieren. Und in Großbritannien gibt es die BBC, eine unabhängige Sendeanstalt, deren Arbeit von den Zuschauern selbst mit einem Jahresbeitrag bezahlt wird. Bei uns klingen alle Kanäle gleich, weil sie alle vom Kreml kontrolliert werden.«

»Du verstehst gar nichts. Putin belebt das Imperium wieder, das Gorbatschow zerstört hat. Er verteidigt die Interessen der Russen, die Annexion der Krim wird in die Geschichte eingehen. Das ist das Beste, was Putin getan hat.«

»Er hat die Halbinsel einfach dreist der Ukraine entrissen und dabei das internationale Recht missachtet.«

Nach solchen Auseinandersetzungen können wir stundenlang nicht miteinander reden. Jeder von uns beharrt auf seiner eigenen Meinung. Irgendwann wird uns klar, dass es nichts mehr zu besprechen gibt. Unsere Beziehung ist am Ende, und wir trennen uns.

Unmittelbar danach müssen alle RT-Mitarbeiter eine »Geheimhaltungsvereinbarung« unterzeichnen. Es wird ihnen untersagt, mit Außenstehenden über die Geschehnisse im Sender zu diskutieren oder RT in den Sozialen Medien zu kritisieren. Diese Vereinbarung gilt für zwanzig Jahre nach der Entlassung. Bei einem Verstoß muss eine eine Geldstrafe in Höhe von mehreren Millionen Dollar gezahlt werden.

Unsere Scheidung verläuft recht zivilisiert. Ich bleibe mit den Kindern in dem Haus, das ich mir so hart aufgebaut habe. Igor hat überhaupt kein Interesse daran. Er nimmt sein Auto und findet eine Wohnung in Moskau. Sein Gehalt ist zu diesem Zeitpunkt dreimal so hoch wie meines, und er schätzt seine Position und seinen Status sehr. Ich aber denke, dass er in einem goldenen Käfig eingesperrt ist und nach Kriegsbeginn seine Seele klammheimlich an den Teufel verkauft hat.

12. Die Propagandafabrik

Nach meiner Scheidung geht es langsam bergab. Die Arbeit bei Channel One ruft bei mir schon lange nicht mehr dieselbe Freude, sondern eher eine anhaltende Abneigung hervor. Es gibt immer weniger Fachleute in den Redaktionen und immer mehr freie Stellen. Wie Hunderte meiner Kollegen beobachte ich all diese degenerativen Prozesse stillschweigend.

Bei Channel One gibt es seit vielen Jahren ein Konzept, dass bestimmte Videos verpflichtend in den Nachrichten gezeigt werden müssen. Anfangs waren es Beiträge an denen das Management des Senders interessiert war, wie Premieren von Filmen, die vom Sender produziert wurden, oder Modenschauen.

Aber nach und nach werden alle Videos, die uns vom Kreml zugesandt werden, »obligatorisch«. Als der Präsident lange Zeit nicht in die Öffentlichkeit gehen will, werden uns »Konserven« geschickt – das sind vorbereitete Treffen zwischen Putin und Beamten. Wir bringen sie nach und nach auf Sendung, damit sich die Menschen keine Sorgen über die lange Abwesenheit des Präsidenten machen müssen.

Im Jahr 2007, im Vorfeld der Wahlen, steigt die Zahl der »Verpflichtungen« dieser Art drastisch an. Der Kreml ordnet an, dass alle Nachrichtensendungen mit Berichten über Dmitri Medwedew beginnen sollen. Putin hat einen geschickten Weg gefunden, um die Verfassung zu umgehen, die es ihm nicht erlaubt, das höchste Amt im Staat für mehr als zwei aufeinander folgende Amtszeiten zu bekleiden, und um sein eigenes Volk zu täuschen. Er wählt einen Interimsnachfolger und Russland macht einen weiteren Schritt in Richtung Abgrund.

Filmteams verfolgen Dmitri Medwedew rund um die Uhr und zeichnen jeden seiner Schritte auf. Seine Auftritte sind offen gesagt langweilig. Aber niemand spricht über diese »Verpflichtungen« des Kremls. Die so genannten »Nachrichten« über Dmitri Medwedew und Wladimir Putin beherrschen zu dieser Zeit fast alle Nachrichtensendungen. Es bleibt keine Zeit mehr, den Russen die wirklich wichtigen Ereignisse im Land und in der Welt zu zeigen. Die Chefredakteure achten sehr genau auf die Formulierungen der Korrespondenten. Jedes falsche Wort in der Sendung über Putin oder Medwedew wird mit einer Geldstrafe geahndet. Sie kann bis zu vierzig Prozent des Gehalts betragen. Schwerwiegende Fehler ziehen sofortige Entlassungen nach sich. Es gibt keine unersetzlichen Menschen in dieser Propagandafabrik.

Die Beiträge durchlaufen mehrere Stufen der Zensur. Zuerst werden sie von den normalen Redakteuren gelesen, dann von den Chefredakteuren. Wenn es sich um eine besonders wichtige Story handelt, nimmt Kirill Kleimenow die Änderungen persönlich vor.

Es gibt eine strikte Regel in der Redaktion – auf Berichte über Putin dürfen keine schlechten Nachrichten folgen. Neben dem Namen des Präsidenten sollen keine negativen Informationen stehen. Jahr für Jahr formt das Staatsfernsehen Putin zum Retter des russischen Landes. Bei allen negativen Ereignissen wird immer wieder die Vorstellung verbreitet, dass der Zar der Gute sei, er wisse nur nicht, was geschehe, und dass die Bojaren (die Diener des Zaren) die Schlechten seien. Nur sie seien an allem schuld.

In der internationalen Nachrichtenredaktion, in der ich arbeite, gibt es sogar ein unausgesprochenes Verbot für gute Nachrichten aus den USA und Westeuropa. In den Köpfen der einfachen russischen Bevölkerung muss das Bild entstehen, dass alle Amerikaner LGBT-Anhänger sind, die Schwarze töten und adoptierte Kinder aus Russland missbrauchen. Selbst ein Bericht über eine Veranstaltung wie die jährliche Oscar-Verleihung wird verboten. Mehrere Jahre lang beginnt mein Arbeitstag damit, dass ich den Briefings der Sprecherin des US-Außenministeriums, Jane Psaki, lausche. Irgendwann ist sie im russischen Fernsehen zu einer beliebten Zielscheibe geworden. Channel One verspottet Psaki auf besonders subtile Weise. Die russische Propaganda wird von dem APTN-Journalisten Matthew Lee mitgespielt, der Psaki ständig klärende Fragen stellt. Am 12. Mai 2014 höre ich mir mit Kopfhörern ihren Dialog über die illegalen Referenden in der Ukraine an:

Jennifer Psaki: »Wir erkennen das illegale Referendum nicht an, das am vergangenen Wochenende in Teilen der Regionen Donezk und Lugansk stattgefunden hat. Es war nach ukrainischem Recht illegal und stellte einen Versuch dar, das Land weiter zu spalten und in Unruhe zu stürzen. Auch die Technik war höchst verdächtig, denn es gab Berichte über ›Wahl-Karussells‹, vormarkierte Stimmzettel, die Stimmabgabe von Kindern, die Stimmabgabe für Abwesende und sogar die Stimmabgabe in Wahllokalen in Moskau und St. Petersburg ...«

Matt Lee: »Tut mir leid, ich tappe im Dunkeln und versuche zu erraten, was ein ›Wahl-Karussell‹ ist?«

Jennifer Psaki: »Um ehrlich zu sein, habe ich das gelesen, aber ich bin auch nicht mit dem Begriff vertraut. Das bedeutet wahrscheinlich, dass sich die Leute bei der Stimmabgabe nicht registriert haben. Ich werde mich erkundigen und herausfinden, was unser Expertenteam unter diesem Begriff versteht.«

Matt Lee: »Da es hieß, die Kinder würden wählen, heißt das nicht, dass sie auf Pferden saßen und sich im Kreis bewegten?«

Jennifer Psaki: »Ich glaube nicht, dass das gemeint ist, Matt.«

Nachdem ich eine vollständige Abschrift dieses Dialogs angefertigt habe, bringe ich sie in das Büro des Chefredakteurs.

»Wir verzichten auf die Worte über das illegale Referendum, wir lassen das ›Karussell‹ und den Teil des Dialogs, in dem Lee Psaki lächerlich macht,«, sagt der Chefredakteur und streicht Psakis Worte, die nicht in unsere Propagandarhetorik passten, komplett durch.

Vor der US-Präsidentschaftswahl 2016 beginnen wir bewusst damit, Donald Trump zu rühmen und Hillary Clinton zu verhöhnen. Als sie bei der 9/11-Zeremonie zusammenbricht, wird an den Vorfall eine Woche lang »erinnert«. Sie wird allgemein als krank, eigennützig und äußerst feindlich Russland gegenüber dargestellt. Die gleiche Taktik wird bei der nächsten Wahl gegen Joe Biden angewandt werden.

In der neuen Informationsrealität kommt es nicht auf die Nachrichten an, sondern auf den »richtigen« Kommentar. Es gibt eine regelrechte Jagd nach Menschen im Westen, die den Standpunkt des Kremls verbreiten wollen. Die »richtigen« amerikanischen und europäischen politischen Beobachter sind für uns Gold wert. Es gibt nicht viele von ihnen, also hütet die Redaktion ihre Telefonnummern wie ihren Augapfel. Jeder spielt nach klar definierten Regeln. Niemand von außerhalb des Kremls darf auf Sendung gehen. Die Namen der Personen, die in der Sendung gezeigt werden können, sind allen bekannt. Während der Aufzeichnung von Online-Interviews stelle ich die »richtigen« Fragen und erhalte ausnahmslos die »richtigen« Antworten. Wenn kein passender Videokommentar verfügbar ist, werden Zeitungszitate verwendet.

»Ich habe das alles so satt«, jammert mein direkter Vorgesetzter nach fast jeder Sendung. Während der Nachrichtensendungen schalten wir den Ton ab und wenden uns gezielt vom Fernseher ab.

Im Allgemeinen lassen sich meine Kollegen im Fernsehen in zwei Gruppen einteilen – es sind einerseits die Ideologen, die Putin wirklich unterstützen, von ihnen gibt es aber nur sehr wenige. Die meisten anderen sind einfach nur verlogen und korrupt. Morgens unterzeichnen sie anonyme Petitionen zur Verteidigung der Demokratie, und abends verbreiten sie Geschichten über den verkommenen Westen.

Besondere Verwirrung herrscht in der Nachrichtendirektion von Channel One, nachdem Alexej Nawalny aus Deutschland nach Russland zurückgekehrt ist. Der Kreml hat bis dahin jegliche Beteiligung an der Nowitschok-Vergiftung bestritten. Aber Nawalny selbst findet seinen FSB-Attentäter, ruft ihn an, und der gesteht alles.

Am 17. Januar 2021 landet das Flugzeug mit dem Oppositionspolitiker in Moskau und er wird sofort verhaftet. Das Internet ist in Aufruhr, während *Wremja* schweigt. Erst am 23. Januar teilt die Moderatorin Jekaterina Andrejewa den Zuschauern mit, dass Nawalny wegen des Aufrufs zu illegalen Kundgebungen erneut strafrechtlich belangt werden könnte. Der Oppositionsführer selbst wird in *Wremja* nicht einmal gezeigt. Wichtige Nachrichten im staatlichen Fernsehen totzuschweigen, ist zur gängigem Praxis geworden.

»Das ist jenseits von Gut und Böse. Der Zynismus ist ungeheuerlich«, sage ich zu meinem direkten Vorgesetzten.

Er nickt traurig, und nach ein paar Monaten verabschiedet er sich von allen mit den Worten »Ich halte es nicht mehr aus« und kündigt. Er hatte sein ganzes Leben lang bei Channel One gearbeitet. Ihm blieb nur noch sehr wenig Zeit bis zu seinem wohlverdienten Ruhestand.

13. Eine neue Stelle

April 2022

»Liebe Marina«, lese ich die Nachricht von einer deutschen Nummer. »Mein Name ist Jaka Bizilj. Ich bin der Leiter der Stiftung »Cinema for Peace«. Können Sie morgen bei einer Live-Übertragung auf WELT TV dabei sein?

»Jaka Bizilj, was für ein bekannter Name«, denke ich und erinnere mich daran, dass er geholfen hat, Nawalny zu evakuieren, als dieser mit Nowitschok vergiftet wurde. »Danke für die Einladung. Natürlich werde ich mit Ihnen auf Sendung gehen. Nur habe ich manchmal Probleme mit dem Internet...«, antworte ich.

Wir besprechen die technischen Einzelheiten der Aufnahme am Telefon.

Am nächsten Tag schickt mir Jaka wieder eine Nachricht:

»Der Medienkonzern Axel Springer möchte Sie einstellen. Würden Sie gerne bei der *Bild-Zeitung* oder der *Welt* arbeiten?«

»Ich würde *Die Welt* vorziehen«, antworte ich. Soweit ich das damals verstehe, ist *Die Welt* das Äquivalent zum russischen *Kommersant*.

Ein paar Tage später unterzeichnen wir einen Vertrag über meine freiberufliche Tätigkeit zu einem festen Gehalt. Weitere Einzelheiten werden zu diesem Zeitpunkt nicht erörtert.

In einer Pressemitteilung des Verlags Axel Springer heißt es: »Marina Owsjannikowa wird als freie Korrespondentin für *Die Welt* über die Ereignisse in der Ukraine und Russland berichten. In einem entscheidenden Moment hatte Marina

Owsjannikowa den Mut, den russischen Zuschauern ein ungeschminktes Bild der Realität zu zeigen. Trotz der drohenden staatlichen Verfolgung verteidigte sie einen wesentlichen Bestandteil der journalistischen Ethik. Ich freue mich sehr auf die Zusammenarbeit mit ihr«, schreibt Ulf Poschardt, Chefredakteur der *Welt*-Gruppe.

Meine neuen Kollegen setzen sich mit mir in Verbindung und schon bald veröffentlicht die Zeitung meinen ersten Artikel mit dem Titel »Russen haben Angst«. Dort stelle ich die soziologischen Untersuchungen des Levada-Zentrums in Frage, wonach mehr als achtzig Prozent der russischen Bevölkerung Putin unterstützen:

»Die Umfrage wurde inmitten einer Diktatur durchgeführt. Mitten im Krieg, wenn jedes Wort dagegen als Verrat gilt. Und dafür kommt man für zehn Jahre ins Gefängnis. Die Russen sind verängstigt. In Moskau nimmt fast niemand den Hörer ab, wenn die Nummer eines Unbekannten klingelt. Junge Menschen in Großstädten beteiligen sich kaum an Umfragen. In der Regel nehmen viele ältere Menschen, die in ländlichen Gebieten leben, daran teil.«

»Ich habe eine geniale Idee«, schreibe ich am nächsten Tag an meine neuen Kollegen bei der *Welt*. »Sie wünschen, dass ich sowohl über die Ereignisse in Russland als auch in der Ukraine berichten soll. Ich möchte als unabhängige Journalistin nach Kiew gehen. Ich werde Beiträge über Kriegsverbrechen in Butscha und über die Bombardierung von Odessa drehen. Ich kann mit internationalen Experten zusammenarbeiten. Vielleicht gelingt es uns sogar, ein Interview mit Selenskyj aufzunehmen ...«

»Sind Sie sicher, dass Sie in die Ukraine gehen wollen? Es ist sehr gefährlich. Kommen Sie lieber nach Berlin. Lernen Sie alle kennen.«

»Ich bin mir ganz sicher, dass ich wirklich in die Ukraine gehen möchte. Ich bin Journalistin. Ich brauche nur ein Schengen-Visum. Mein vorheriges Visum ist während der Pandemie abgelaufen.«

»Das ist kein Problem, warten Sie einfach eine Woche und wir werden das Problem lösen. Sie können über Polen oder über Lettland fahren.«

»Ich will nicht mehr warten. Jede Minute ist für uns kostbar. Wir müssen etwas tun, um dieses Blutvergießen zu beenden. Ich kenne eine Möglichkeit, ohne Visum über Moldau in die Ukraine einzureisen.«

»Das ist eine großartige Idee, die ich mit der Geschäftsleitung besprechen muss.«

Es dauert noch ein paar Tage, bis alle Einzelheiten der Reise geklärt sind.

Es ist Mitte April, draußen ist der Schnee fast geschmolzen, aber die Frühlingssonne wärmt überhaupt nicht. Ich renne durch das Haus und werfe warme Kleidung in meinen Koffer.

»Wohin gehst du nochmal?«, fragt mein Sohn.

»Ich gehe auf eine Geschäftsreise, für ein paar Wochen, höchstens einen Monat. Ich werde aus Sicherheitsgründen einige Tage lang nicht erreichbar sein. Ich werde nicht in der Lage sein, deine Anrufe entgegenzunehmen. Ich hoffe, du kannst damit umgehen. Ich habe deiner Großmutter Bescheid gesagt, sie wird euch helfen.«

»Wir brauchen keine Hilfe«, antwortet mein Sohn geschäftsmäßig. »Wir sind nicht mehr klein, wir kommen schon klar. Übrigens, hast du gesehen, wie viele Memes nach deinem Protest im Internet erschienen sind?«

»Nein, habe ich nicht, lass mal sehen.«

Er zeigt mir einige Varianten von Plakaten im Studio von Channel One, mit lustigen Aufschriften. Gemeinsam lachen wir lauthals. Ich bin froh, dass die Kinder versuchen, die schwierige Situation, in der sich unsere Familie befindet, mit Humor zu nehmen.

»Wohin gehst du?«, fragt meine Tochter.

»Nach Deutschland, Liebling. Ich werde eine Weile arbeiten und dann zurückkommen«, sage ich mit gesenktem Blick.

»Ich habe im Internet gesehen, dass *Die Welt* dich eingestellt hat.«

»Du weißt ja schon alles – nur fliegen kannst du noch nicht«, sage ich in einem absichtlich heiteren Ton, um die Stimmung aufzulockern.

Meine Tochter starrt mich neugierig an, als ob sie etwas erraten hätte. In ihren großen blauen Augen steht die Angst.

Ich kann den Kindern nicht die Wahrheit sagen, dass ich ins Kriegsgebiet reise. Das ist sehr gefährlich. Ich weiß nicht, was mich in der brennenden Ukraine erwartet. Was ist, wenn ich nicht nach Hause komme? Was ist, wenn wir versehentlich unter Beschuss geraten? Soll ich dieses Risiko eingehen? Soll ich lieber nach Deutschland fliegen? Die ganze Nacht über nagen Zweifel an mir.

Letztendlich ist die berufliche Pflicht als Journalistin stärker als die Angst. Ich beschließe, in die Ukraine zu gehen. Am Morgen, nachdem ich Lebensmittel eingekauft und Geld für die Kinder dagelassen habe, rufe ich ein Taxi und fahre zum Flughafen Wnukowo.

»Verehrte Fluggäste, die Abfertigung für den Flug Moskau-Istanbul ist beendet«, verkündet der Lautsprecher.

Stolpernd, mit einem großen Koffer, laufe ich durch die halbleere Halle des Flughafens Wnukowo. Ab und zu sind mir andere Reisende im Weg. Seit dem Beginn des Krieges und der Verhängung von Sanktionen wurden fast alle Auslandsflüge gestrichen. Die einzige Möglichkeit, die Europäische Union von Moskau aus zu erreichen, besteht darin, über Serbien, Armenien oder die Türkei zu reisen.

Mein weinroter Koffer bewegt sich langsam auf dem Gepäckband. Ich erhalte zwei Bordkarten für den Flug nach Chişinău mit Zwischenlandung in Istanbul.

Ich gehe zur Passkontrolle, nach dem Scannen blickt der Grenzbeamte überrascht zu mir auf.

»Gehen Sie zur Seite. Wir kümmern uns gleich um Sie.«

Nach ein paar Minuten kommt ein Mann in Zivil auf mich zu:

»Wohin wollen Sie, Marina Wladimirowna?«, fragt er kurz angebunden.

»Nach Istanbul, ich muss mich ausruhen. Die Ereignisse der letzten Wochen waren zu stressig. Ich werde meinen Flug verpassen.«

»Sie werden es schaffen, Ihr Flug hat Verspätung«, lässt sich der Mann Zeit damit, das Gespräch zu beenden. »Wo werden Sie sich aufhalten? Welches Hotel?«

»Ich bin nicht in einem Hotel, sondern bei einem Freund« – und plötzlich fällt mir ein, dass ein Bekannter von mir Moskau nach Kriegsbeginn überstürzt verlassen und sich vorübergehend in Istanbul niedergelassen hat.

»Na, na«, sagt er ungläubig, »fliegen Sie allein? Ohne Ihre Kinder?«

»Die Kinder bleiben allein bei ihrer Großmutter zurück. Sie haben jetzt Schule.«

»Gut, setzen Sie sich hierher.«

»Ich kann nicht länger warten, der Flug geht bald.«

Ohne etwas zu sagen, geht der Mann. Zu diesem Zeitpunkt verkündet ein Lautsprecher, dass sich der Flug nach Istanbul aus technischen Gründen um eine halbe Stunde verspätet.

Ich beruhige mich. Ich nehme mein Telefon heraus und rufe meinen Anwalt Badamshin an.

»Sagen Sie mir, was soll ich tun? Sie lassen mich nicht raus. Ich fürchte, ich werde meinen Flug verpassen.«

»Machen Sie sich keine Sorgen. Ich glaube, sie werden Sie jetzt gehen lassen. Von nun an werden Sie immer so kontrolliert werden, wenn Sie reisen. Gewöhnen Sie sich daran.«

Nach zwanzig Minuten kommen zwei weitere Männer auf mich zu. Sie beginnen, dieselben Fragen ein zweites Mal zu stellen. Ich antworte geduldig. Eine Stunde später bekomme ich meinen Reisepass zurück. Nur dank der technischen Verspätung des Fluges schaffe ich es zum Flugzeug.

»Unser Flugzeug ist in Istanbul gelandet«, verkündet die Stewardess fröhlich.

Ich nehme meine kleine Tasche aus der Ablage und schalte mein Handy ein. Auf dem Display erscheint eine Nachricht der *Welt*-Redaktion:

»Peter* (Name geändert) wird im Hotel in Chişinău auf Sie warten. Er ist unser Sicherheitsbeauftragter.«

Danach schicken sie mir persönliche Daten und ein Foto von Peter. Ich habe den Eindruck, dass er Brite ist. Ich bin überrascht, aber ich stelle mir keine weiteren Fragen.

Dann kommt eine neue Nachricht: »Schalten Sie Ihr Telefon aus und nehmen Sie die SIM-Karte heraus. So können Sie nicht aufgespürt werden können. Man wird denken, dass Sie in Istanbul sind.«

Ich verspreche, dies zu tun, wenn ich im Flugzeug sitze.

Die große Anzeige »Transferflüge« zeigt die nächsten Flüge an. Nachdem ich meinen Flug nach Chişinău gefunden habe, laufe ich in einen anderen Teil des Umsteigeterminals.

In der Zwischenzeit ist die Information, dass ich Moskau verlassen habe, bereits im Internet aufgetaucht. Die Nachrichtendienste veröffentlichten sofort den Flug und die Uhrzeit meiner Abreise und begleiteten die Nachrichten mit sarkastischen Kommentaren: »Die skandalumwitterte Journalistin Marina Owsjannikowa hat heute um 12.40 Uhr den Flug von Wnukowo nach Istanbul genommen. Es ist wahrscheinlich, dass sie ins Ausland gegangen ist, um sich dort dauerhaft niederzulassen. Die Protestaktion hatte den alleinigen Grund sie berühmt machen, um eine lukrative Anstellung bei einer westlichen Publikation zu bekommen. Und um dann die antirussische Propaganda fortzusetzen.

Es ist anzunehmen, dass Owsjannikowa, wenn sie nach Russland zurückkehrt, dies im Auftrag ihrer westlichen Kontaktpersonen tut. Inoffiziellen Informationen zufolge handelt es sich bei einer dieser Kontaktpersonen um einen beim russischen Außenministerium akkreditierten Journalisten, der übrigens britischer Staatsbürger ist.«

Mir wird klar, dass sich der Geheimdienst in mein Telefon gehackt hat. Wie naiv war ich doch, dass ich vor meinem Protest nicht einmal meine Kontaktliste gelöscht habe. Es gibt Telefonnummern aus den USA, Großbritannien und anderen Ländern des NATO-Blocks. Bei meiner Arbeit in einer internationalen Nachrichtenredaktion hatte ich ständig Kontakt zu Ausländern.

Es sind noch zwanzig Minuten bis zum Abflug nach Chişinău. Der Gedanke, dass alle meine Bekannten auf der ganzen Welt nun als »Betreuer« und »Spione« bezeichnet werden könnten, entsetzt mich. Bevor ich meine SIM-Karte herausziehe und vernichte, muss ich noch ein paar Dutzend Nachrichten verschicken, um alle zu warnen, dass mein Telefon gehackt worden ist.

Vor allem aber muss ich Thomas warnen, unter keinen Umständen nach Russland zurückzukehren. Wenn inoffizielle Quellen schreiben, dass der britische Journalist mein »Betreuer« ist, läuft er Gefahr direkt am Flughafen verhaftet zu werden.

Während des gesamten Fluges denke ich immer wieder schmerzvoll darüber nach. Ich schäme mich furchtbar, dass ich versehentlich unschuldige Menschen in diese Geschichte hineingezogen habe.

Vor dem Fenster flackern die wenigen Lichter des Flughafens. Spät in der Nacht landet mein Flugzeug der Turkish Airlines auf dem internationalen Flughafen von Chişinău.

Ich halte dem Beamten meinen roten Reisepass hin.

»Kommen Sie hier entlang«, ruft mich der uniformierte Beamte zur Seite. »Was ist der Grund für Ihren Besuch in Moldau?«

»Ich bin Journalistin bei der deutschen Zeitung *Die Welt* und geschäftlich unterwegs.«

Ich überreiche ihm die Dokumente. Aber das ist nicht genug. Es herrscht Krieg, und in Moldau ist man nicht geneigt, dem Wort von Menschen mit russischen Pässen zu trauen. Ich verstehe das sehr gut, deshalb stelle ich keine unnötigen Fragen. Müde setze ich mich auf die Bank und warte.

Der Bereich der Passkontrolle leert sich allmählich. Etwa eine Stunde vergeht, bis der Beamte mir meine Dokumente wieder aushändigt.

»Sie können gehen«, lächelt er.

»Gut.« Ich nehme die Papiere zurück und bin froh, dass es keine weiteren Probleme gibt.

14. Informationskriegsführung

April 2022, Chişinău, Moldau

Im Schutze der Nacht nehme ich ein Taxi zu einem kleinen Hotel am Rande der Stadt. Ein großer, athletisch gebauter Mann mittleren Alters kommt auf mich zu.

»Peter?«, frage ich vorsichtig.

»Ja. Ich habe auf Sie gewartet«, antwortet der Fremde mit leiser Stimme und geht in Richtung des Hotels. Ich nehme meinen Koffer auf und folge ihm.

Wir betreten den Aufzug. Im Schein der schummrigen Lampe mustere ich Peters strenges Gesicht. Das ist er, ein echter Mitarbeiter des britischen Geheimdienstes. Er muss extra geschickt worden sein, um mich zu treffen. Warum arbeitet eine deutsche Zeitung mit den Briten zusammen? Mein Gott, passiert mir das alles in Wirklichkeit und nicht in einem Traum? Immer mehr Fragen, auf die ich keine Antworten finde, tauchen in meinem Kopf auf. Aber ich stelle sie nicht, sondern beobachte den geheimnisvollen Fremden nur schweigend.

Peter geht zur Zimmertür und öffnet das Schloss mit dem elektronischen Schlüssel. Bevor er eintritt, schaut er sich sorgfältig um. Außer uns ist keine Menschenseele im Korridor zu sehen.

»Glauben Sie, wir werden verfolgt?«, frage ich zaghaft.

»Ich muss mir alles ansehen. Mir wurde gesagt, dass ich einen besonders geheimen Kunden haben würde.«

Peter geht zum Fenster, zieht die Vorhänge zurück und schaut in die Ferne. Draußen ist es stockdunkel, und nur ein paar einzelne Laternen brennen.

Nachdem ich den elektronischen Code eingetippt habe, versuche ich, meinen Koffer zu öffnen, aber das Schloss scheint zu klemmen. Darin ist alles, was ich brauche. Peter steht immer noch am Fenster und beobachtet mich aufmerksam. Sein Blick bereitet mir Unbehagen.

»Wenn Sie Angst haben, kann ich hierbleiben«, schlägt der Wachmann plötzlich vor.

»Nein, ich danke Ihnen. Ich bin nicht ängstlich. Ich bin nur sehr müde und schläfrig.«

Peter nickt verständnisvoll, dreht sich um und geht zur Tür: »Wenn Sie mich doch brauchen, ich bin in dem Zimmer auf der anderen Seite des Flurs. Ich muss noch meinen Abendbericht schreiben.«

»Abend? Es ist mitten in der Nacht«, erwidere ich ironisch, um die Stimmung aufzulockern.

Aber Peter ist nicht zu Scherzen aufgelegt. Er neigt seinen kurz geschorenen Kopf, antwortet nicht und geht. Die rote LED des elektronischen Schlosses blinkt an der Tür. Für alle Fälle verschließe ich die Tür mit einem zusätzlichen Riegel. Nach einigen Versuchen gelingt es mir doch noch, meinen Koffer zu öffnen. Nach dem Duschen falle ich in einen tiefen Schlaf und fühle mich wie die Heldin eines Spionagekrimis.

Am Morgen treffe ich Peter beim Frühstück in dem kleinen Restaurant des Hotels. Ich setze mich an den hintersten Tisch, trinke eine Tasse Kaffee und schaue mir in Ruhe die Gäste an. Uns am nächsten sind zwei Frauen in den Fünfzigern, die sich leidenschaftlich auf Moldauisch unterhalten. Etwas weiter weg trinkt ein einzelner Mann in Jeans und grauem Pullover seinen Morgenkaffee und isst ein Sandwich.

Am Nebentisch sitzen drei Journalisten eines ausländischen Fernsehsenders. Einer von ihnen trägt eine khakifarbene Weste mit vielen Taschen. Sein langes Haar ist zu einem Pferdeschwanz hochgebunden. Unter dem Tisch befindet sich eine professionelle Videokamera.

»... heute in der Ukraine ...«, höre ich einen Ausschnitt aus einem Satz.

Etwas weiter weg sitzt eine Familie mit zwei kleinen Kindern. Ein dreijähriger Junge wirft aufgeregt Salatblätter von seinem Teller.

»Was machst du«, ruft die junge Frau entrüstet auf Ukrainisch und stellt ihren Teller auf die andere Seite des Tisches.

Alles sieht recht normal aus, nichts Verdächtiges.

Peter isst mit Genuss sein zweites Omelett und ein Sandwich.

Nachdem er damit fertig ist, eröffnet er mir leise, dass wir nach dem Frühstück aus Sicherheitsgründen das Hotel wechseln müssen. »Kaufen Sie außerdem ein neues Telefon, eine lokale SIM-Karte und erstellen Sie ein neues Google-Konto.«

»Ja. Ich werde Kristina bitten, mir beim Einrichten zu helfen«, sage ich.

»Kristina? Wer ist das?«

»Meine Assistentin. Sie ist die einzige Person aus Russland, die weiß, dass ich jetzt in Moldau bin.«

»Wo haben Sie sie kennengelernt?«

»Online bot sie mir ihre Hilfe bei den Sozialen Medien an.«

»Sind Sie verrückt? Vertrauen Sie ihr wirklich? Vielleicht ist sie vom FSB? Sagen Sie ihr, sie soll ihren Pass schicken, ich werde das überprüfen.«

»Arbeiten Sie für den britischen Geheimdienst? An wen schreiben Sie die Abendberichte?«, frage ich mutig.

»Ha ha«, lacht Peter zurück, »es ist viel einfacher. Zum Schutz von Journalisten hat ein deutsches Medienunternehmen einen Vertrag mit einer britischen Sicherheitsfirma abgeschlossen, deren Mitarbeiter über Kampferfahrung verfügen. Ich habe im Irak und in Afghanistan gedient.«

Ich ziehe überrascht die Augenbrauen hoch. Peter sieht eindeutig nicht wie ein gewöhnlicher Soldat aus. Ich höre ihm weiter zu.

»Vor zwei Wochen habe ich mit einem Journalisten der *Bild-Zeitung* zusammengearbeitet, er wollte eine Reportage aus den Vororten von Charkiw machen. Ich sagte ihm, er solle nicht dorthin gehen, es sei gefährlich. Aber er hat mir nicht zugehört. Schließlich näherten wir uns einem Dorf. Und wir trafen auf Russen, die nur zwei Blocks entfernt waren. Die Schießerei begann, ich gab Gas und raste davon ... Bei uns war eine Übersetzerin aus Kiew. Sie hatte solche Angst, dass sie kein einziges Wort herausbrachte. Am nächsten Tag weigerte sie sich, mit uns zu arbeiten. Wir wurden ohne Dolmetscher zurückgelassen. Aber ich spreche selbst ein wenig Ukrainisch.«

»Wo haben Sie das gelernt?«, frage ich.

»Meine Frau kommt aus Saporischschja.«

»Wie interessant! Wo haben Sie sie kennengelernt?«

»In der Türkei, in einem Hotel. Wir haben eine Zeit lang in Kiew gelebt, und jetzt leben wir in Budapest. Wir haben vor sechs Monaten einen Sohn bekommen«, sagt Peter, und sein ernstes Gesicht verzieht sich zum ersten Mal zu einem Lächeln.

Nach dem Frühstück steigen wir in ein Auto mit polnischem Kennzeichen, das Peter in Warschau gemietet hat, und fahren zu einem anderen Hotel. Das Auto drängelt sich durch die engen Straßen von Chişinău. Bäume mit frischem grünen Laub fliegen am Fenster vorbei. Einzelne Passanten gehen gemächlich ihren Geschäften nach.

»Warum riecht das Auto so stark nach Benzin?«, frage ich, während ich mein Fenster öffne, um den Innenraum zu lüften.

»Wir haben zwei große Kanister mit Benzin im Kofferraum. Es ist unmöglich, in der Ukraine Treibstoff zu kaufen«, erklärt mein Beschützer.

Wir halten an einer Ampel. Peter schaut auf sein Handy: »Haben Sie gesehen, dass eine ukrainische Rakete den Kreuzer Moskwa getroffen hat? Es sieht so aus, als würde er untergehen.«

»Wow ... Das russische Verteidigungsministerium lügt die Mütter ständig an«, sage ich. »In den ersten Tagen des Krieges hieß es, es gäbe keine Wehrpflichtigen in diesem Krieg. Doch Anfang März, nachdem die Ukrainer mehrere Wehrpflichtige gefangen genommen hatten, musste das russische Verteidigungsministerium zugeben, dass sie dort waren. Die genauen Zahlen sind nicht bekannt. Ich bin es gewohnt, dass die russischen Behörden ständig lügen. Mitte Februar sagte Putin, wir werden die Ukraine nicht angreifen, wenige Tage später brach der Krieg aus. Und so geht es weiter und weiter, ›Wir waren nicht dabei‹, ›Wir waren es nicht‹ – ehrlich gesagt, es ist widerlich, sich das alles anzuhören ... Ich kann es kaum erwarten, dass wir nach Kiew kommen. Dann kann ich den Russen sagen, dass ein echter Krieg im Gange ist, ein verabscheuungswürdiger und krimineller Krieg. Es handelt sich nicht um eine militärische Spezialoperation zur Befreiung des Donbass, wie Putin behauptet.«

»Putin ist dabei, sein eigenes Volk zu vernichten. Er zerstört die Ukraine, er zerstört Russland. Er ist dabei, Europa zu schwächen. Überall gibt es Millionen von Flüchtlingen, wir haben Schwierigkeiten bei der Benzinbeschaffung. Wer, glauben Sie, profitiert von dieser ganzen Situation?« Peter sieht mich bedeutungsvoll an. »Amerika! Natürlich nur Amerika.«

»Ja, Sie haben völlig recht«, nicke ich, wohl wissend, dass der Krieg die Wirtschaft aller europäischen Länder zerstört. Sie sind gezwungen, teures Schieferöl und Flüssiggas aus den USA zu kaufen.

Wir parken auf dem Parkplatz eines kleinen Hotels, lassen unsere Sachen in den Zimmern und fahren in die Stadt, um ein neues Telefon zu kaufen. Kaum in Betrieb genommen, kommt ein offizieller Text von der Redaktion:

»Marina Owsjannikowa ist freiberufliche Korrespondentin für *Die Welt*. Sie wird über die Ereignisse in der Ukraine berichten«, heißt es in dem Text. Darunter erscheint eine Meldung, dass wir morgen früh nach Kiew fahren können.

Ich zeige den Brief Peter.

»Die da drüben in Berlin sind verrückt geworden«, sagt der erfahrene Bewacher, »man braucht eine offizielle Akkreditierung. Dies hier ist Kriegsgebiet. Und Sie haben einen russischen Pass. Sie werden an der ersten Kontrollstelle festgenommen. Ich werde nirgendwo hingehen. Wir brauchen eine Akkreditierung der ukrainischen Regierung und jemanden, der uns an der Grenze abholt und nach Kiew bringt.«

Ich stimme zu – es ist sehr gefährlich, ohne offizielle Erlaubnis der ukrainischen Behörden nach Kiew zu reisen. Meine Kollegen in Berlin schlagen vor, dass wir noch ein paar Tage warten. Sie versprechen, dass sie bald mit einflussreichen Personen aus der Ukraine in Kontakt treten und alle organisatorischen Fragen klären werden.

Zurück in meinem Zimmer sehe ich mir die Nachrichten an und versuche zu verstehen, was in der Ukraine gerade passiert. Plötzlich bleibt mein Blick an einer Meldung hängen:

»Dutzende junger Ukrainer, die gelbe und blaue Fahnen schwenkten, kamen zum Büro der Zeitung *Die Welt* in Berlin. Sie riefen ›Owsjannikowa, hau ab!‹ und protestierten gegen ihre Anstellung. Die Ukrainer sagten, die Journalistin sei eine Idee des Kremls, um die Situation zu destabilisieren. Vertreter der Zeitung gingen auf die Demonstranten zu. Sie erklärten, dass sie dieser Frau nicht den Rücken kehren würden, weil sie ›auf der richtigen Seite der Geschichte‹ stehe.«

Was ist los? Warum protestieren sie? Ich öffne die ukrainischen Medien und lese: »Nicht alle Ukrainer glauben an die Aufrichtigkeit der Aktion von Owsjannikowa.«

»Dieser Vorfall ist inszeniert, in Russland gibt es keine Live-Übertragungen.«

»Die Demonstration der Opposition ist nichts anderes als ein weiterer Akt der hybriden Kriegsführung Russlands gegen die Ukraine.«

»Owsjannikowa ist eine verdeckte FSB-Agentin, die in der westlichen Presse das Narrativ von den guten Russen und der Aufhebung der Sanktionen verbreitet.«

In meinem Kopf dreht sich alles. In Russland beschuldigen sie mich, Verbindungen zur britischen Botschaft zu haben; in der Ukraine schreiben sie, ich sei eine FSB-Agentin. Ich scheine mich versehentlich im Epizentrum des Informationskriegs wiederzufinden. Der Gedanke verfolgt mich die ganze Nacht.

Am Morgen gehe ich hinunter ins Erdgeschoss des Hotels. Wie üblich bin ich mit Peter zum Frühstück verabredet. Wir sitzen allein in dem leeren Raum eines kleinen Restaurants.

»Warum bist du so traurig?«, fragt Peter.

»In den Sozialen Medien kursieren Gerüchte, ich sei eine FSB-Agentin«, sage ich grimmig.

»Du bist keine Agentin, das wusste ich sofort«, lacht Peter.

»Stimmt, ich hätte, wie mein Sohn gesagt hat, sonst schon längst alle Geheimnisse ausgeplaudert«, sage ich mit einem leisen Lächeln. »Was ich nicht verstehe, ist, warum man einen Agenten zur deutschen Zeitung *Die Welt* schicken sollte. Welche Geheimnisse könnten sie haben? Was ist meine Rolle? Welchen Einfluss kann ich haben? Ich habe keine Macht, kein Geld!«

»Ich habe gerade gelesen, was in *Politico* über dich geschrieben wurde«, sagt Peter mit Ironie in der Stimme: »Der mysteriöse Fall von Marina O. Ihr Anti-Kriegs-Protest wurde vor Millionen im russischen Fernsehen live übertragen. Aber ist sie eine Marionette des Kremls?«

»Ha ha«, Peter nimmt den Blick von seinem Smartphone, nimmt einen Schluck Kaffee und liest weiter:

»In einem unscheinbaren Raum einer Geheimpolizei-
wache bot ein Polizist Marina Owsjannikowa eine Tasse Tee
an. ›Damals hatte ich keine Angst‹, sagte Owsjannikowa. ›Jetzt
würde ich es mir zweimal überlegen.‹ Jeder Gegner von Präsident Wladimir Putin, der überlebt hat, hätte Owsjannikowa
gewarnt: Wenn dir ein russischer Sicherheitsbeamter einen
Earl-Grey-Tee und einen Snack anbietet, solltest du nicht ja
sagen. Aber Owsjannikowa war neu im Spiel der Dissidenten und war nicht auf das vorbereitet, was ihr bevorstand. Sie
trank ihren Tee.

Dissident oder Marionette? Die Ungereimtheiten in der
Geschichte von Marina O. sind erschütternd: Ein plötzlich er-
wachtes Gewissen treibt eine altgediente Propagandistin eines
großen Fernsehsenders dazu, sich gegen das Regime auszusprechen und ihr bequemes Leben zu ruinieren. Die Tatsache,
dass sie zu einer geringen Geldstrafe verurteilt wurde und mit
den westlichen Medien kommunizieren durfte, ließ Zweifel
aufkommen.

Eine der Folgen der Propaganda ist natürlich, dass es unmöglich ist, an etwas Reales zu glauben. Der Sinn von Putins
Propagandamaschine ist Zweideutigkeit und Angst.«

Peter sieht mich bedeutungsvoll an und lacht wieder:

»Entscheiden Sie, was Sie bevorzugen: Polonium, Nowitschok oder nur einen Autounfall?«

»Hören Sie auf, mich zu verspotten. In meiner Situation
kann man die Dinge nicht ernst nehmen, sonst würde man
verrückt werden. Warum gehen wir nicht joggen oder suchen
uns ein Fitnessstudio? Solange wir noch etwas Zeit haben«,
schlage ich vor.

Eine Stunde später parkt Peter den silbernen Geländewagen
vorsichtig vor dem Sportverein. Als er aus dem Auto steigt,
schaut er sich angespannt um.

»Glauben Sie, dass wir verfolgt werden?«

»Nein. Ich will nur vorsichtig sein.«

»Woran erkennt man, dass man verfolgt wird? Ich habe diese Art von Erfahrung nicht. Das ist das erste Mal, dass ich in eine Spionagegeschichte verwickelt werde.«

»Sie würden nie vermuten, dass Sie professionell verfolgt werden. Es wird eine ganz normale Familie sein, mit Kindern und einem Hund. Die Kinder werden quengelig sein und nach Eis verlangen.«

»Das ist witzig. Ich werde das im Hinterkopf behalten.«

Wir gehen die steile Treppe zur Turnhalle hinauf. Ich nehme mein Handy heraus. Auf dem Bildschirm erscheint eine Nachricht von meinem Freund Thomas aus London:

»Ich hatte schon Zweifel an der Aufrichtigkeit dessen, was du getan hast. Es sieht so aus, als ob du wirklich eine Kreml-Agentin bist. Meine ukrainischen Freunde schreiben darüber. Sie glauben dir nicht.«

Das Blut schießt mir vor Empörung ins Gesicht. Ohne eine Sekunde zu zögern, schreibe ich zurück:

»Schämst du dich nicht, mir solche Worte zu schreiben? Ich hätte nie gedacht, dass du mir so eine Nachricht schicken könntest. In Moskau habe ich dir das Leben gerettet, und jetzt habe ich mein Leben für die Wahrheit ruiniert. Ich gehe ein großes Risiko ein. Jetzt bin ich im Kriegsgebiet in der Ukraine, um den Ukrainern zu helfen, und du schreibst mir das? Als der Krieg begann, hast du selbst gesagt: ›Bleib auf der Seite des Guten‹, und jetzt hast du alles für das Gute und die Freiheit geopfert.«

Ich schicke die Nachricht ab. Ich versuche, mich zu beruhigen, aber ich habe wieder einen nervösen Hustenanfall.

Ich versuche, damit fertig zu werden, gehe in den Cardio-Bereich, werfe mein Handy auf die Fensterbank und strample wie wild auf dem Gerät.

Mein Telefon piept schon wieder. Es kommt eine neue Nachricht von Thomas: »Es tut mir leid, ich wollte dich nicht beleidigen. Ich wollte es nur von dir selbst hören. Ich kenne dich und vertraue dir voll und ganz.«

Ich schreibe nichts zurück. Das Leben ist zu kurz, um es mit gegenseitigen Verdächtigungen und Verschwörungstheorien zu verschwenden. All dies spielt dem Kreml nur in die Hände. In der gegenwärtigen Situation müssen sich alle Kriegsgegner, unabhängig davon, wer sie sind und was sie vor dem 24. Februar getan haben, zusammenschließen und gemeinsam handeln.

Als ich das Fitnessstudio verlasse, erinnere ich mich daran, dass Kristina einen Scan ihres Passes geschickt hat.

»Nur für alle Fälle«, sage ich zu Peter, »ich habe dir Kristinas Pass per SMS geschickt. Ich vertraue ihr vollkommen, wenn sie mir hilft, geht sie ein großes Risiko ein ...«

Die Tage des Wartens vergehen unerträglich langsam. Wir sind nun schon seit einer Woche in Chişinău, können aber immer noch nicht in die Ukraine einreisen.

»Meine Männer haben Kristina überprüft, es scheint nichts Verdächtiges vorzuliegen«, erzählt mir Peter beim Frühstück.

»Toll, ich habe gerade die Nummer eines hochrangigen ukrainischen Beamten bekommen«, sage ich, nachdem ich eine Nachricht der *Welt*-Redaktion gelesen habe.

»Beantragen Sie so schnell wie möglich eine Akkreditierung«, ruft Peter.

Ohne eine Sekunde zu zögern, schreibe ich eine lange Nachricht:

»Guten Tag, hier ist Marina Owsjannikowa, ich habe auf Channel One gegen den Krieg protestiert. Ich arbeite jetzt für den deutschen Medienkonzern Springer. Ich möchte Ihnen wirklich helfen. Ich bin jetzt in Chişinău und möchte unbedingt nach Kiew kommen und Materialien über die Verbrechen in Butscha, Irpen und Borodyanka sammeln und vielleicht bis nach Charkiw fahren. Die Russen müssen die Wahrheit darüber erfahren, was wirklich in der Ukraine geschieht. Vielleicht könnte ich ein Interview mit Selenskyi aufnehmen. Sein Online-Interview mit russischen Journalisten, das in den ersten Tagen des Krieges aufgezeichnet wurde, wurde vielfach angeklickt. Die russischen Behörden blockierten dieses Interview, aber jeder konnte die Sperren umgehen und es sich ansehen. Selenskyi ist ein Held, er ist beliebt bei seinem Volk, nicht wie unser Präsident, der sich versteckt und in einem Bunker sitzt und Angst hat, sich den Menschen zu zeigen. Ich brauche die Erlaubnis der ukrainischen Regierung und eine Art Begleitschutz an der Grenze. Helfen Sie mir, bitte.«

Mit klopfendem Herzen schicke ich die Nachricht ab und warte auf eine Antwort. Ein paar Stunden später erhalte ich eine knappe Antwort:

»Ich bin im Moment beschäftigt, aber ich werde darüber nachdenken.«

Die warme Frühlingssonne blendet. Peter sitzt mir auf der offenen Veranda eines kleinen moldauischen Restaurants gegenüber. Er verfolgt ununterbrochen alle Nachrichten, die aus der Ukraine kommen.

»Ich hoffe, dass wir morgen endlich nach Kiew fahren können«, bemerke ich optimistisch.

»Großartig. Die sollen uns eine Eskorte zuweisen. Sonst werden wir bei der ersten Kontrolle verhaftet. Vergessen Sie nicht, dass Sie einen russischen Pass haben.«

»Aber hier steht, dass ich in Odessa geboren wurde. Mein Vater ist Ukrainer.«

Peter sieht mich an, als sei ich total naiv.

Ein paar Minuten später erscheint eine Nachricht der *Welt*-Redaktion auf meinem Smartphone-Display:

»Man will Ihnen einen Medienpreis für Freiheit verleihen. Wir wurden nun von den Organisatoren kontaktiert. Sie haben uns gebeten, eine dreiminütige Videobotschaft für die Preisverleihung aufzunehmen.«

»Auf Englisch?«

»Ja, besser auf Englisch.«

Ich sitze in meinem Hotelzimmer, schreibe einen Text und versuche, ihn auswendig zu lernen ...

»Vielen Dank für diese Auszeichnung. Um ehrlich zu sein, hatte ich das überhaupt nicht erwartet. Sie soll für alle unabhängigen russischen Journalisten verliehen werden, die gegen Putin für unsere Freiheit kämpfen ...«

Ich versuche, ein Video aufzunehmen. Eine weiße Wand und ein billiger Zimmerschrank im Hintergrund verderben den Gesamteindruck. Vielleicht hat dieses Hotel einen kleinen Konferenzraum. Ich gehe auf den Korridor hinaus und zur Rezeption.

Ein Mann in blauen Jeans steht an der Treppe und starrt mich an. Mir schießt der Gedanke durch den Kopf, dass ich ihn schon einmal irgendwo gesehen habe. Richtig, im ersten Hotel, in dem ich bei meiner Ankunft in Chișinău wohnte. Beim Frühstück saß dieser Mann allein, nicht weit von Peter und mir entfernt. Wie ist er hierher gekommen? War das ein Zufall oder ist er uns gefolgt? Der Gedanke ist beunruhigend.

Unten schicke ich Peter eine Nachricht über den verdächtigen Fremden. Aufgeregt eilt er aus seinem Zimmer zur Rezeption, aber da ist der Mann mit der blauen Jeans schon verschwunden.

»Sie haben versprochen, nirgendwo allein hinzugehen«, schimpft mich der Sicherheitsbeauftragte wie ein kleines Kind.

Nachdem ich mir Kaffee aus der Maschine genommen habe, gehe ich auf mein Zimmer. Peter begleitet mich zur

Tür, nur für alle Fälle. Ein feiner Frühlingsregen nieselt vor dem Fenster. Die Heizung im Hotel ist aus, und ich wickle mich in eine warme Jacke ein und versuche, mich warm zu halten.

Ein Anruf aus der *Welt*-Redaktion geht ein:

»Es wurde jetzt beschlossen, Ihnen den Preis doch nicht zu verleihen. Wir verstehen überhaupt nicht, was hier vor sich geht. Das ist nicht der richtige Weg.«

»Es ist ganz einfach«, erkläre ich, »ich verdiene diese Auszeichnung nicht. Ich habe jahrelang für Channel One gearbeitet, das wichtigste Sprachrohr der Kreml-Propaganda. Es ist viel einfacher für die Menschen, an irgendwelche Verschwörungstheorien zu glauben als an eine emotional motivierte gute Tat. Auf jeden Fall gibt es in Russland viele unabhängige Journalisten, die dieser Auszeichnung würdig sind und die seit Jahren gegen Putins Regime kämpfen. Ich stehe erst am Anfang dieser Reise.«

»Gibt es Neuigkeiten von dem ukrainischen Beamten?«, fragen sie am anderen Ende der Leitung.

»Nein, fast alle meine Nachrichten bleiben unbeantwortet. Zuletzt schrieb er, dass er nicht verstehe, warum ich nach Kiew gehen will. Es scheint, dass alle meine Bemühungen vergeblich waren. Die russischen Geheimdienste haben alles getan, um sicherzustellen, dass niemand an die Aufrichtigkeit meiner Absichten glaubt. Aber ich will nicht tatenlos zusehen. In Chișinău befinden sich Tausende von Flüchtlingen aus der Ukraine. Lassen Sie mich für *Die Welt* eine Reportage aus dem Flüchtlingszentrum machen und an die ukrainische Grenze fahren.«

»Das ist eine großartige Idee. In ein paar Tagen wird ein Filmteam aus Berlin einfliegen. Und Sie können anfangen zu arbeiten.«

Am Morgen treffe ich zusammen mit Peter zwei Männer mit einer Videokamera an der Hotelrezeption.

»Lassen Sie uns heute zum Moldexpo-Gelände fahren«, schlage ich vor. »Es ist das größte Ausstellungszentrum hier, in dem früher Menschen mit Covid untergebracht waren, aber jetzt leben dort mehr als vierhundert Flüchtlinge aus Mykolajiw und Odessa.«

Der riesige Pavillon auf dem Messegelände ist durch Hunderte von Trennwänden aus weißem Stoff unterteilt. In jedem Abteil leben Menschen. Freiwillige Helfer begrüßen uns am Eingang des Pavillons:

»Wir haben hier hauptsächlich Frauen und Kinder«, sagt eine Frau aus dem Zentrum. »Einige übernachten hier und fahren dann weiter in die EU-Länder. Andere hingegen wollen sich nicht weit von zu Hause entfernen, in der Hoffnung, dass der Beschuss bald aufhört und sie zurückkehren können.«

Zusammen mit dem Kameramann gehen wir einen der langen Korridore entlang. Eine Gruppe lebhafter Jungen rennt an uns vorbei. Eine alte Frau, die an einer Waschmaschine steht, wirft ihnen einen langen Blick zu. Wir gehen in das Spielzimmer für Kinder. Eine junge Frau spielt dort mit ihrer dreijährigen Tochter. Sie sehen uns mit großen braunen Augen voller Schmerz an:

»Wir kommen aus Mykolajiw, unser Vater ist an der Front und wir vermissen ihn sehr und wollen bald nach Hause.«

Ein sehr junges Mädchen mit einem zweijährigen Sohn kommt zu unserem Gespräch hinzu. Ihr erschöpftes Gesicht ist voller Angst. Sie erzählt, wie sie mit ihrem Kind aus einem Vorort von Odessa floh. Seitdem hat sie nichts mehr von ihrem Vater oder ihren Brüdern gehört:

»Ich möchte ihnen sagen, dass ich sie sehr liebe, und dass ich unbedingt nach Hause möchte. Wenn das alles vorbei ist, werden wir auf jeden Fall wiederkommen, uns mit ihnen an einen Tisch setzen und alles wird gut sein.«

Tränen kullern über ihre Wangen. Sie drückt das Baby fester an sich. Ich gehe aus dem Spielzimmer und versuche, nicht in Tränen auszubrechen. Der Kameramann folgt mir:

»Was hat sie gesagt?«, fragt er mich.

»Tut mir leid, dass ich das nicht übersetzen kann«, wende ich mich rasch ab.

Ein Kloß sitzt mir im Hals. Ich gehe schnell nach draußen und trete in die Dunkelheit. In diesem Moment fange ich wieder an zu husten.

Am Morgen setzen wir uns ins Auto und fahren zur ukrainischen Grenze. Peter starrt aufmerksam auf das Navigationsgerät. Ich scrolle durch die Nachrichten auf meinem Handy. Unsere Kollegen, die hinten im Auto sitzen, diskutieren untereinander auf Deutsch.

Die Straße wird von Feldern und einsamen Dörfern flankiert. Die Republik Moldau gilt als das ärmste Land in Europa. Eine Kuhherde versperrt uns den Weg. Wir warten geduldig darauf, dass die Tiere auf die andere Seite wechseln.

»Übrigens, haben Sie das gesehen?«, fragt Peter. »Explosionen in Transnistrien. Es sieht so aus, als wolle Russland hier eine zweite Front eröffnen.«

»Ja, das habe ich gesehen. Wie weit ist es von hier bis zur transnistrischen Grenze?«

»Etwa eine Stunde. Aber wir können nicht dorthin, diese Enklave ist unter russischer Kontrolle.«

»Ich weiß. Sie als britischer Staatsbürger werden auf jeden Fall gefangen genommen.«

»Sie werden dort auch verhaftet werden.«

»Ja, sie werden mich in Transnistrien verhaften, auch in Russland, sie werden mich nicht in die Ukraine gehen lassen.

Vielleicht können Sie an meiner Stelle nach Kiew fahren?«, frage ich scherzhaft meine deutschen Kollegen.

»Nein, ich gehe für kein Geld der Welt dorthin, ich habe eine Familie, zu der ich zurückkehren will«, antwortet einer von ihnen ganz ernst. »Letzten Monat starb in Kiew der amerikanische Journalist Brent Reno. Gestern sind weitere chinesische Journalisten unter Beschuss geraten. Die Bilder sind erschreckend.«

Ich wende mich ab und starre schweigend auf die Straße. Hinter der Kurve taucht ein Feld voller weißer Zelte auf.

»Halten Sie an diesem Zeltlager an«, bittet Peter.

Wir treffen im Lager eine Familie aus Mariupol. Russische Truppen haben dafür gesorgt, dass die Stadt praktisch dem Erdboden gleich gemacht wurde.

Ein junger Mann nimmt seine Frau und seine Tochter zur Seite und kommt auf uns zu. Ich kann seinen Blick kaum aushalten, er ist den Tränen nahe.

»Wir haben unsere Nachbarn in Blumenbeeten begraben, Tauben und Katzen gegessen. Es gab kein Wasser, kein Licht, nichts. Ich bin ein erwachsener Mann und weine zum ersten Mal in meinem Leben. Ich kann immer noch nicht glauben, dass wir es aus dieser Hölle herausgeschafft haben. Wir waren zu fünft in einem Auto unterwegs, am Ausgang der Stadt hielten uns die Russen an, zwangen uns, uns vollständig auszuziehen, und ließen uns dann gehen. Den ganzen Weg durch die Ukraine sind wir mit dem Auto gefahren. Hier an der Grenze, als sie erfuhren, dass wir aus Mariupol kommen, ließen sie uns ohne Fragen raus. Sie lassen keine Männer zwischen achtzehn und sechzig aus dem Land, es herrscht Kriegsrecht, aber für uns haben sie eine Ausnahme gemacht.«

Der Mann tritt zur Seite, er kann nicht mehr sprechen. Auf dem Rückweg nach Chişinău schweigend wir alle. Die Schrecken des Krieges lähmen uns zusehends. Schließlich breche ich das Schweigen.

»Leute, ihr wisst, dass alle Flüchtlinge, die wir heute befragt haben, meine Fragen in korrektem Russisch beantwortet haben. Niemand hat ihnen in der Ukraine ihre Rechte weggenommen. Sie haben Putin nicht gebeten, sie zu befreien. Sie wollen keine ›russische Welt‹, sie wollen in einem freien und unabhängigen Land leben ...«

»Stattdessen kam die ›russische Welt‹ zu ihnen«, bemerkt Peter mit Ironie in der Stimme.

»Und hat sie von ihren Wohnungen und Besitztümern befreit«, füge ich hinzu. »Wir leben selbst in der Sch ..., und wir lassen andere nicht leben. Waren Sie schon einmal in Russland? Man braucht sich nur hundert Kilometer von Moskau zu entfernen, und die Armut ist allgegenwärtig. Können Sie sich vorstellen, dass dreißig Millionen Russen ohne Kanalisation leben, sie haben Toiletten auf der Straße. Im einundzwanzigsten Jahrhundert benutzen sie Grubenlatrinen. Der Staat kann die Menschen nicht mit grundlegenden Dingen versorgen, die Menschen leben in Holzbaracken. Anstatt normale Häuser mit einer Grundausstattung für seine Bürger zu bauen, verwüstet Russland die Häuser der Ukrainer.«

Wir parken vor dem Hotel. Wir müssen einen Sonderbericht verfassen und ihn nach Berlin schicken. Ich werde morgen abreisen. Es hat keinen Sinn, noch länger in Chișinău zu bleiben. Ich habe es nicht geschafft, eine Akkreditierung für die Ukraine zu bekommen.

15. Das Böse darf nicht die Welt erobern

Mai 2022, Berlin

»In wenigen Minuten wird unsere Maschine in Berlin landen«, sagt die Flugbegleiterin über den Lautsprecher. Ich lehne mich gegen das Fenster. Es gibt flache, gepflegte Felder und kleine, nette Häuser dazwischen.

Auf dem riesigen Brandenburger Flughafen werde ich von einem Mitarbeiter der Zeitung *Die Welt* begrüßt.

»Hallo! Wie war Ihr Flug?«, redet er atemlos. »Wir müssen hier entlang, da ist der Ausgang. Wir haben über einflussreiche Leute ein Langzeit-Arbeitsvisum für Sie beantragt, wir müssen ein Foto machen und den Papierkram einreichen ...«

Unser Taxi hält vor einem großen Apartmenthotel, wo zwei weitere Personen auf uns warten. Wir fahren mit dem Aufzug in den fünften Stock.

»Aus Sicherheitsgründen haben wir Sie unter einem falschen Namen angemeldet. Hier ist eine deutsche SIM-Karte für Ihr Handy. Ruhen Sie sich eine Weile aus, wir reden später.«

Die Männer gehen und ich beginne auszupacken. In diesem Moment erscheint auf meinem Handy eine Nachricht von Jaka Bizilj:

»Sind Sie schon in Berlin?«

»Ja, gerade eingeflogen.«

»Abendessen heute? Wo wohnen Sie? Ich schicke Ihnen ein Taxi.«

»Vielen Dank, das ist sehr nett von Ihnen. Meine russischen Karten funktionieren wegen der Sanktionen nicht. Ich kann nicht einmal »Uber« benutzen.« Ich schicke die Adresse und eine halbe Stunde später kommt ein Taxi. Das Auto sucht sich den Weg durch die Straßen von Berlin, ich habe keine Ahnung, wohin ich fahre. Stunden, Tage, Wochen scheinen mit kosmischer Geschwindigkeit zu vergehen. Ich habe nicht einmal eine Sekunde Zeit, um einen Stadtplan von Berlin zu studieren.

»Freut mich«, schüttelt Jaka meine Hand.

Wir betreten das Restaurant. Drinnen ist es lebendig. Der Kellner hat Mühe, einen freien Tisch für uns zu finden.

»Waren Sie schon einmal in Berlin?«

»Nein, nur in Köln und München. Ich bin schon einmal mit dem Auto durch einen Teil Deutschlands gefahren. Vor vier Jahren machten wir mit der ganzen Familie einen großen Roadtrip durch Europa.«

Den ganzen Abend über erzähle ich Jaka, wie ich mich entschlossen habe, live auf Sendung zu protestieren, und was gerade in Russland vor sich geht.

»Diese Leute, Putins Anhänger, sind von der Propaganda regelrecht zombifiziert. Sie sind wie kranke Menschen, die nicht geheilt werden können, solange auf den Bildschirmen der Strom von Lügen nicht abreißt...«

»Stimmt es, dass Putin Atomwaffen einsetzen könnte?«

»Ich hoffe, dass es nicht so weit kommt. Aber wir alle wissen, dass der Atomknopf in den Händen eines Verrückten liegt.«

»Vor einigen Tagen warnte Putin den Westen davor, sich in die Situation in der Ukraine einzumischen, und kündigte blitzschnelle Vergeltungsschläge an.«

»Ich habe davon gehört. Besonders erschreckend finde ich die Rhetorik von Putins Propagandisten. *Russia Today*-Chefin Margarita Simonjan droht der Welt mit einem dritten Weltkrieg. Das ist genau das, was sie gestern in der Sendung sagte. Können Sie sich vorstellen, dass eine Frau, die selbst Mutter von drei Kindern ist, über einen Atomschlag spricht? Ist dies in einer normalen zivilisierten Gesellschaft möglich?« Im weiteren Verlauf des Gesprächs verfinstern sich unsere Minen.

Am nächsten Tag treffen wir uns vor der East Side Gallery und gehen zum Berliner »Wall Museum«. Jaka hat es vor einigen Jahren auf Initiative von Michail Gorbatschow und anderen gegründet.

»Vor zweiunddreißig Jahren fiel die Berliner Mauer völlig unerwartet, die Menschen hatten die Nase voll«, sagt Jaka.

»Vielleicht wird auch Putins Regime bald fallen. Wäre Nawalny auf freiem Fuß geblieben, wären die Dinge möglicherweise anders verlaufen.«

»Ich habe ihm gesagt, dass er nicht nach Russland zurückkehren sollte. Diese Entscheidung hat er selbst getroffen. Er ist ein unglaublich mutiger Mann.«

»Wissen Sie, das russische Volk braucht lange, um sich zu bewegen. Aber wenn der russische Aufstand beginnt, wird er schnell und unbarmherzig sein.«

Nach einem kurzen Rundgang gehen wir an einem erhaltenen Fragment der Berliner Mauer entlang und bewundern das legendäre Graffiti, auf dem sich Leonid Breschnew, Generalsekretär des Zentralkomitees der KPdSU, und der DDR-Führer Erich Honecker küssen. Dann gehen wir in ein Café am Spreeufer und bestellen bayerische Würstchen, alles ganz einfach und unproblematisch.

Einen Tag später gehe ich zum ersten Mal in die *Welt*-Redaktion. Der junge Mann, der mich begrüßt, spricht Russisch mit einem leichten Akzent:

»Meine Mutter ist Russin. Hier entlang, bitte. Dies sind die beiden Gebäude des Medienunternehmens Axel Springer. Eines befindet sich in Ost-Berlin und das andere in West-Berlin. Man kann ein Stück Mauer zwischen ihnen sehen.« Er zeigt auf eine breite Linie, die auf dem Bürgersteig verläuft. Wir betreten eines der Glasgebäude. Am Eingang werden meine Sachen und Dokumente vom Sicherheitspersonal kontrolliert.

»Nur ein Wachposten, nicht fünf wie in Ostankino«, bemerke ich sarkastisch.

Wir fahren in den vierten Stock. In der riesigen Nachrichtenredaktion gibt es Dutzende von Computern.

»Dies ist die Nachrichtenredaktion der Zeitung. Und der Fernseher steht im Obergeschoss. Kommen Sie, ich bringe Sie in die Garderobe.

Eine schöne Frau, eine Visagistin, kommt auf uns zu und spricht akzentfrei Russisch.

»Sie kommen aus Russland?«, bin ich überrascht.

»Ja, aber ich lebe jetzt seit mehr als 15 Jahren in Berlin.«

Nachdem die Mitarbeiter der *Welt* ein Interview mit mir aufgenommen haben, fahren wir in die oberste Etage. Es gibt ein gut besuchtes Buffet im Restaurant. Die Preisverleihung für junge Journalisten ist soeben zu Ende gegangen.

»Wie haben Sie das gemacht?«, fragt ein sehr junges Mädchen, nicht älter als siebzehn Jahre, das mich erkennt. »Es war unglaublich. Ich konnte meinen Augen nicht trauen.«

»Und was geschah dann? Wurden Ihnen von den Wachen Handschellen angelegt?«, fragt ein Mann.

»Wird Russland einen Atomkrieg anzetteln?«

Die Fragen kommen aus allen Richtungen. Ich habe kaum Zeit, sie zu beantworten und die richtigen englischen Wörter zu finden. Es geht auf Mitternacht zu.

Am darauffolgenden Tag erstellen wir mit der Leitung des Medienkonzerns einen Plan für meine Arbeit. Am 9. Mai soll ich an der Live-Übertragung der Siegesparade auf dem Roten Platz teilnehmen.

»Die diesjährige Parade wird wie ein Fest während der Pest aussehen«, rufe ich aus.

Zurück in meinem Hotelzimmer denke ich darüber nach, wie schwierig es für mich sein wird, darüber zu sprechen. Während die Ukrainer in den Kellern sitzen, werden Russen mit Sturmgewehren über das Pflaster des Roten Platzes marschieren. Während die ukrainischen Kinder beim Klang der Sirenen zittern, lächeln die Russen beim Salutieren. Die diesjährige Siegesparade in Moskau wird ein Triumph des Wahnsinns sein.

Ich versuche zu verstehen, wie Russland in diesen siebenundsiebzig Jahren von einem siegreichen Land zu einem Aggressor geworden ist. Meine beiden Großväter, ein Ukrainer und ein Russe, kämpften gemeinsam während des Zweiten Weltkriegs an den Fronten gegen den Faschismus. Hätten sie bis heute gelebt und erfahren, dass Russland die Ukraine angegriffen hat, hätten sie uns, ihre Enkel, verflucht.

Am Abend des 9. Mai lese ich, dass die russischen Truppen Odessa erneut beschossen haben.

»Wir saßen den ganzen Abend im Keller«, lese ich eine Nachricht von meinem Cousin dort.

Ich versuche mir vorzustellen, wie es wäre, sich mit Kindern in Kellern vor herabfallenden Granaten zu verstecken ... Die ganze Nacht habe ich Albträume.

Als ich früh am nächsten Morgen aufwache, sehe ich auf meinem Telefon eine Nachricht von meinem Anwalt Anton Gashinsky: »Guten Morgen! Was sagen Sie dazu? Ihr Ex-Mann hat Sie verklagt, in dem Prozess geht es um die Kinder. Die erste Anhörung findet in sechs Tagen statt.«

Ich rufe ihn sofort an:

»Erklären Sie mir, was es damit auf sich hat? Das muss ein Fehler sein. Das kann nicht sein! Nach dem Protest hat er aufgehört, mit mir zu kommunizieren, hat meine Anrufe nicht beantwortet und mich in allen Messenger-Diensten blockiert. Aber ich dachte, er habe es aus Sicherheitsgründen getan. Dass er nur Angst habe, sich bedeckt halte, sich aber später melden werde. Ich hätte nicht erwartet, dass er so hinterhältig ist. Er handelt eindeutig auf Anweisung von oben. Es ist ein geplanter Angriff. Ich glaube nicht, dass der Vater seine Kinder psychisch verletzen will. Warum sollten die Kinder daran beteiligt werden? Wir sind zivilisierte Erwachsene, alle Probleme können durch Gespräche gelöst werden.«

»Der beste Weg, eine Frau unter Druck zu setzen, ist der über ihre Kinder.«

»Wie niederträchtig und gemein. Er ist mir buchstäblich in den Rücken gefallen. Mit dieser Wendung der Ereignisse habe ich überhaupt nicht gerechnet. Warum sollte er das tun? Können Sie mir das sagen?«

»Sie müssen sich einen anderen Anwalt suchen, einen für Familienrecht, wir befassen uns nur mit politischen Angelegenheiten.«

»Verstehe. Meine Probleme werden mehr und mehr ...«

Ein paar Minuten später rufe ich meinen Sohn an:

»Hallo! Was ist denn bei euch los?«

»Nichts. Alles in Ordnung.«

»Warum hat Papa mich verklagt, anstatt mit mir zu reden?«

»Wirklich? Das habe ich nicht gewusst. Du hättest keinen Protest in der Sendung veranstalten sollen. Du bist diejenige, die das Leben unserer Familie zerstört hat.«

»Putin hätte keinen verbrecherischen Krieg entfesseln dürfen, dann hätte niemand Proteste inszenieren müssen. Wir haben den Punkt erreicht, an dem es kein Zurück mehr gibt. Alle normalen Menschen haben nach dem 24. Februar das Staatsfernsehen verlassen, nur die Schurken und Halunken sind übrig geblieben. Sie sind Kriegstreiber. Und die schlimmste Verbrecherin ist die Chefin deines Vaters, Margarita Simonjan.

Das Gespräch läuft offensichtlich nicht gut. Ich kann spüren, wie ich den Kontakt zu meinem Sohn verliere.

»Okay, lass uns uns nicht über Politik reden. Wie läuft die Prüfungsvorbereitung?«

»Alles in Ordnung«, lautet seine Standardantwort.

An diesem Punkt beginne ich unaufhörlich zu husten und zu würgen.

»... Verzeihung...«, bringe ich gerade noch heraus. »Ich rufe wieder an.«

Erst eine halbe Stunde später hört der Hustenanfall auf. Ich rufe meine Tochter an. Ihr Gesicht taucht auf dem Bildschirm auf.

»Mami, hallo! Wie geht es dir?«

»Es ist alles in Ordnung, mein kleiner Sonnenschein.«

»Wann kommst du zurück?«

»Bald, wie ich es dir versprochen habe, in zwei Wochen, höchstens einem Monat. Das hängt von meiner Arbeit ab.«

»Aber das ist jetzt schon zwei Wochen her.«

»Ich weiß, meine Schöne. Es ist nur so, dass die Umstände so sind, dass ich noch nicht zurückkommen kann. Wahrscheinlich ist die Schule dann vorbei und du kommst in den Ferien zu mir. Wir werden nach Italien oder Spanien in den Urlaub fahren.«

»Mein Vater wird mich nie gehen lassen. Er will mir keinen neuen Reisepass ausstellen. Er sagt, es sei gefährlich in Europa. Die Russen werden dort gehasst und angegriffen.«

»Das ist nicht wahr, das weißt du. Niemand greift die Russen an. Diese Gerüchte werden absichtlich von RT, wo dein

Vater arbeitet, und anderen Kreml-Kanälen verbreitet, damit die Russen sich um Putin scharen und denken, sie hätten nur Feinde um sich herum. Glaube es nicht, meine Süße, niemand hier wird dir wehtun. Du und ich waren doch schon oft in Europa.«

»Ja, ich weiß noch, als du mich am Eiffelturm verloren hast«, scherzt Arisha und erinnert sich an unsere Familienreisen nach Europa.

Aber ich reagiere nicht auf ihren Scherz. Zu diesem Zeitpunkt ist mir völlig klar, dass mein Ex-Mann, der in der Führungsspitze des Propagandamonsters RT arbeitet, seine Kinder zu einem Druckmittel gemacht hat. Mein Sohn wird bald achtzehn Jahre alt und kann dann allein zu mir fliegen. Aber mein kleines Mädchen ist erst elf. Und ich muss einen Weg finden, sie zu treffen. Ohne Pass kann man sie nirgendwohin mitnehmen. Das ist eine Sackgasse. So wie es aussieht, werde ich meine Tochter nicht sehen können, bis Putins Regime zusammenbricht.

Ich laufe den ganzen Tag deprimiert herum und kann mich nicht auf die Arbeit konzentrieren. Erst am Abend erinnere ich mich daran, dass ich CNN versprochen hatte, mich zu den Aktionen zweier Kreml-Mitarbeiter von *Lenta.ru* (russische Online-Zeitung), Jegor Poljakow und Aleksandra Miroshnikowa, zu äußern. Am 9. Mai sagten sie den Russen die Wahrheit, indem sie Berichte über das Kriegsgeschehen veröffentlichten. Die Startseite der Website mit Schlagzeilen wie »Putin hat einen der blutigsten Kriege des 21. Jahrhunderts entfesselt« und »Wladimir Putin hat sich in einen erbärmlichen Diktator und Paranoiker verwandelt« wurde sofort gelöscht. Die Journalisten flohen aus Russland.

Ich reiße mich zusammen und gehe am Abend zu CNN. Nach dem Interview ziehe ich meinen Trainingsanzug an und gehe joggen. Auf der Promenade schaue ich mich unwillkürlich um, um zu sehen, ob ich verfolgt werde. Ich muss heute mindestens sieben Kilometer laufen. Durch den ständigen Stress verliere ich schnell meine Fitness.

Auf dem Rückweg bemerke ich in der Hotellobby einen Mann mit slawischem Aussehen. Heute Morgen habe ich ihn vor dem Eingang der *Welt Media Group* gesehen. Ein Schauer läuft mir über den Rücken.

Ich schreibe eine Nachricht über einen verdächtigen Fremden an Jaka Bizilj.

»Melden Sie es der Polizei«, rät er.

»Warum? Ich habe keine Zeit, ich muss einen Sonderbericht über Propagandamethoden im russischen Fernsehen fertigstellen. Ich habe ein Interview mit meiner ehemaligen Kollegin Schanna Agalakowa arrangiert. Danach fliege ich nach Oslo zur Verleihung des Václav-Havel-Preises für kreativen Protest. Und dann direkt nach Odessa.«

Ich fahre mit dem Aufzug hoch in mein Zimmer und skype mit Schanna Agalakowa. Am 24. Februar veröffentlichte sie in den Sozialen Medien einen Beitrag mit dem Titel »Dieser Krieg ist nicht in meinem Namen«. Die Geschäftsleitung verlangte, dass er gelöscht wird. Schanna, die als Korrespondentin von Channel One nach ein paar Jahren in New York wieder in Frankreich arbeitete, kündigte sofort. Auf meinem Laptop-Bildschirm erscheint sie in einer spektakulären roten Jacke.

»Die Propagandarhetorik im russischen Fernsehen nimmt von Tag zu Tag zu«, beginne ich. »Sagen Sie mir, was hat Sie am meisten geärgert, als Sie in New York gearbeitet haben? Ich erinnere mich, dass sich Ihre Arbeit in letzter Zeit hauptsächlich auf die Berichterstattung über die Sitzungen des UN-Sicherheitsrates beschränkt hat.«

»Schon vor 2014, vor dem Beginn des Krieges im Donbass, wurde klar, dass von mir keine guten, positiven Nachrichten aus Amerika erwartet wurden. Es war die zweite Amtszeit von Präsident Obama, und die Beziehungen zwischen unseren Ländern verschlechterten sich rapide. Als die Krim annektiert wurde, wurde es noch schwieriger. Meine Aufgabe bestand im Wesentlichen darin, über die Sitzungen des UN-Sicherheitsrats zu berichten. Andere als pro-russische Standpunkte wurden auf ein Minimum reduziert. Ich durfte zum Beispiel nicht die erste sein, die einen amerikanischen oder britischen Vertreter in einem Bericht zitierte. Oder jeden anderen, dessen Position von der offiziellen russischen Meinung abweicht. Nur der russische Botschafter durfte als erster aus dem Sitzungssaal zitiert werden. Und er musste das letzte Wort haben. Und alle Zitate von Gegnern waren ›praktisch‹ für seinen Gegenangriff. Wenn aber die Erklärung des russischen Vertreters nicht sehr überzeugend war oder die Abstimmung nicht zu unseren Gunsten ausfiel, sagten die Redakteure: ›Na ja, eine Ratssitzung ist kein Anlass für eine Reportage.‹ Und das Thema wurde fallen gelassen. All dies stand natürlich im Widerspruch zu dem, was mir in der Journalistenschule darüber beigebracht worden war, wie ein Journalist im Allgemeinen arbeiten sollte.«

Als nächstes erscheint auf meinem Laptop-Bildschirm der renommierte Politikwissenschaftler Abbas Galljamow. Er befindet sich außerhalb Russlands und kann daher frei sprechen, ohne Verfolgung befürchten zu müssen:

»Meiner Meinung nach sind die Gruppen, die den Krieg in Russland ablehnen oder unterstützen, in etwa gleich groß. Es gibt noch viel mehr Unentschlossene, die sogenannte zögernde Mehrheit. Um ihre Meinung wird der eigentliche Kampf geführt. Bildlich gesprochen«, so erklärt mir der Politikwissenschaftler, »war gestern der gesamte Channel One patriotisch, und jetzt stellt sich heraus, dass die Mitarbeiter dort absolute Oppositionelle sind. Und solche Dinge schaffen ein Gefühl der Dynamik. Das bedeutet, dass die Oppositionellen nicht mehr an den Rand gedrängt werden, sondern dass sie dort bereits eingedrungen sind. Wissen Sie, das ist das, was man den ›Zeitgeist‹ nennt, und wenn es Ihnen gelingt, das Gefühl zu artikulieren, dass der Zeitgeist Opposition ist, dann ist das eigentlich schon ein Sieg.«

Ich klappe den Deckel meines Laptops zu und beginne, meinen Koffer zu packen. Der Informationskrieg um die Herzen und Köpfe der Russen ist in vollem Gange. Es darf nicht zugelassen werden, dass das ultimative Böse die Welt erobert. An dieser Stelle beschließe ich, so detailliert wie möglich darzustellen, wie Propaganda im russischen Fernsehen gemacht wird. Je mehr Menschen in Russland wissen, wie ihre Gedanken manipuliert werden, desto weniger werden sie den Lügen glauben, die auf Geheiß des Kremls verbreitet werden.

»Polonium oder Nowitschok?«, erinnere ich mich an die Worte des Wachmanns, »oder ein Autounfall? Oder vielleicht ein anderer Zwischenfall?« Dieser Mann wird einfach in mein Zimmer kommen und mich vom Balkon werfen, hämmert es in meinem Kopf.

16. Forum Freiheit

24.–27. Mai 2022

»Willkommen im Freedom Forum in Norwegen«, begrüßt mich eine hübsche Amerikanerin. »Ich werde Ihre Begleiterin sein. Wie schön, dass Sie doch noch gekommen sind.«

Unser Auto verlässt den Flughafen von Oslo und gleitet sanft über die vollkommen glatte Straße. Vor dem Fenster liegen Felder mit spärlicher nördlicher Vegetation. Ich betrachte die ungewohnte Landschaft mit Interesse und erinnere mich daran, dass Norwegen eines der wohlhabendsten Länder in Europa ist, und das sozialste. Es gibt keine so deutliche Trennung in arm und reich wie in Russland.

»Ich bin erst gestern aus New York eingeflogen«, lächelt meine Begleiterin breit.

»Das ist toll. Und ich war noch nie in New York. Vor mehr als zwanzig Jahren habe ich in den USA studiert, nur zwei Monate lang. Es war ein Praktikum bei einer Fernsehproduktionsgesellschaft mit Standorten in Kalifornien, Washington und Oregon. Ich erinnere mich, dass ich schockiert war, als wir in einem regionalen Fernsehstudio ankamen, das um ein Vielfaches besser ausgestattet war als die russischen staatlichen Sender. Technisch gesehen waren wir zu dieser Zeit weit hinterher. Und jetzt, wegen des Krieges und der Sanktionen, rutscht Russland ganz und gar an den Abgrund ...«

Unser Auto hält vor einem Luxushotel im Zentrum von Oslo. In der Lobby spielt ein Musiker im schwarzen Smoking auf einem Klavier. Auf der rechten Seite der Restauranttische sitzen Herren in feinen Anzügen und elegante Damen.

»Sie sollen heute beim Abendessen sprechen«, sagt meine Begleiterin mit einem Blick auf das Programm. »Und morgen Abend ist die Preisverleihung.«

»Ich muss meine Rede auf Englisch vorbereiten. Die Veranstaltung ist so groß, da möchte ich nicht durcheinander kommen. Ich habe keine Erfahrung damit, auf so einer Veranstaltung zu sprechen.«

»Keine Sorge, wir werden das üben. Schicken Sie mir die Folien Ihrer Präsentation und ich werde Ihnen helfen.«

In meinem Hotelzimmer schreibe ich meine Rede für die Preisverleihung und suche im Internet nach geeigneten Folien. Alles, was in diesem Moment geschieht, kommt mir völlig unwirklich vor.

Zusammen mit den Organisatoren des Freiheitsforums stehen wir auf einem Podium hinter der Bühne. Auf dem Tisch stehen Wasserflaschen, Kaffee und belegte Brote. Ich lerne die anderen Preisträger des Václav-Havel-Preises für kreativen Dissens kennen – den türkischstämmigen amerikanischen Basketballspieler Enes Kanter Freedom und die Macher des Projekts PaykanArtCar, die sich für die Menschenrechte im Iran einsetzen.

An der Seite stehen drei riesige Statuen – verkleinerte Kopien der Freiheitsstatue in New York. Einer der Organisatoren des Forums nimmt lächelnd die Statue in die Hand und warnt uns: »Nehmt sie mit beiden Händen, sie ist schwer.«

»Wow, ich glaube, es sind etwa zwanzig Kilo«, sage ich und kann sie kaum in meinen Händen halten.

»Ihr müsst wohl alle zusätzliches Gepäck buchen«, scherzt der Organisator.

Die Leute, die um uns herum stehen, lachen.

In diesem Moment werde ich auf die Bühne gerufen. Ich trete hinaus in den riesigen, von Scheinwerfern durchfluteten

Raum. Hunderte von Augen starren mich an. Meine Stimme zittert vor Aufregung:

»Vielen Dank für diese Auszeichnung! Als ich George Orwells Roman »1984« zum ersten Mal las, war ich Journalistik-studentin. Er ist eine soziale Fiktion. Im zukünftigen Russland wäre das unmöglich, dachte ich. Das war 1998, zur Zeit der demokratischen Reformen Jelzins. Jetzt scheint es eine Ewig-keit her zu sein.

Ich habe mich wirklich geirrt! In nur 20 Jahren hat sich Russland in einen totalitären Staat verwandelt. Jetzt werden Menschen inhaftiert, weil sie ›No War‹ sagen! Und der Präsi-dent dieses Landes ist ein echter Kriegsverbrecher. In 20 Jahren hat Putin alle unabhängigen Medien in Russland zerstört. Statt-dessen hat er eine brutale und verlogene Propagandamaschine-rie aufgebaut. Das entspricht der Philosophie von Goebbels, der Schwarz immer als Weiß bezeichnete. Die Propagandamedien entmenschlichen die Menschen. Jahrelang haben regierungs-nahe Medien den Russen den Hass auf die Völker der Ukraine, der Vereinigten Staaten und Westeuropas eingeimpft. Wir alle wissen, zu welchem großen Desaster dies führte …

Der 24. Februar war für mich der Punkt, an dem es kein Zurück mehr gab. Es war ein Schock. Nach meinem live über-tragenen Protest sagten meine Kinder, ich hätte das Leben unserer Familie ruiniert. Und sie fragten mich immer wieder, warum ich das getan habe. In diesem Leben muss man manch-mal das scheinbar Irrationale für das übergeordnete Wohl tun. Ich möchte, dass meine Kinder in einem freien Land leben, das nicht mitten in der Nacht seine Nachbarn angreift und die ganze Welt mit Atomwaffen bedroht.

Ich weiß, was Millionen von ukrainischen Frauen und Kin-dern gerade erleben. Ich weiß, wie es ist, alles zu verlieren und ein Flüchtling zu werden. Ich habe das Gleiche erlebt, als ich ein Teenager war und der erste Krieg in Tschetschenien begann. Unser Haus wurde in Schutt und Asche gelegt. Deshalb hasse ich den Krieg. Jeder Krieg bedeutet Tod, Schmerz und zerstörte Leben.

Orwell schrieb, der schnellste Weg, einen Krieg zu beenden, sei, ihn zu verlieren. Es fällt mir schwer, es so zu formulieren, aber ich möchte, dass mein Land den Krieg so bald wie möglich verliert. Ich sehe keinen anderen Weg. Das Licht muss über die Dunkelheit triumphieren.

Nochmals vielen Dank für diese Auszeichnung. Ich möchte dieses Geld verwenden, um ukrainischen Flüchtlingen zu helfen …«

In zwei Monaten werden die Organisatoren des Forums die mir zugedachte Summe von 12 000 Dollar an einen Freiwilligenfonds in Moldau überweisen, der den Transport von Flüchtlingen aus Odessa und Mykolajiw in die Europäische Union organisiert hat.

»Kommen Sie heute Abend zum Essen?«, fragen mich die Organisatoren freundlich.

Im Restaurant ertönt Musik, und Dutzende von Dissidenten aus aller Welt haben sich unter einem Dach versammelt. Hier herrscht der Geist der absoluten Freiheit.

»Hallo, ich bin ein Dissident aus Kuba. Darf ich Selfies mit dir machen?«

»Hallo, ich bin Journalist bei der *Washington Post*. Ich würde gerne ein Interview mit Ihnen aufnehmen.«

Ein Mann reicht mir seine Visitenkarte. Im Trubel der zahlreichen Gespräche versuche ich, mir neue Gesichter und Namen zu merken.

»Hallo, ich bin der Assistent von …«, sagt ein kleiner junger Mann den Namen eines berühmten russischen Oligarchen. »Es ist mir eine Freude, Sie kennenzulernen. Und das ist mein Freund, er ist Ukrainer und lebt in New York.«

»Wie interessant, ich möchte gerade jetzt gerne als Journalistin in die Ukraine gehen.«

»Wir werden Ihnen helfen, wir arbeiten mit amerikanischen Menschenrechtsaktivisten zusammen, die jetzt in Kiew sind.«

»Toll, ich habe einen der Produzenten von NTV zufällig in den Sozialen Medien kennengelernt. Nachdem Putin an die Macht kam, wanderte Savely* (Name geändert) nach London aus und lebt jetzt in Odessa. Seine Frau ist Ukrainerin. Also versprach er mir, mir bei den Dreharbeiten in Odessa zu helfen – ich fliege von Oslo dorthin, in meine Heimatstadt. Ich werde ihn dort treffen, weiß aber noch nicht, wie ich dann nach Kiew komme.«

»Wir bringen Sie mit den richtigen Leuten in Kontakt«, sagen mir meine neuen Bekannten, als wir uns verabschieden.

17. Die Pressekonferenz, die nie stattfand

28. Mai – 2. Juni 2022, Ukraine

Bei der Passkontrolle in Chişinău werde ich von einem mir bekannten Grenzbeamten kontrolliert. Als er mich erkennt, lächelt er breit und lässt mich durch, ohne allzu viele Fragen zu stellen.

In der Ankunftshalle kommt ein ein Mann mit kurzen roten Haaren auf mich zu. »Hallo, ich bin Nick* (Name geändert)«, stellt er sich als Sicherheitsbeauftragter vor. »Wir werden zusammenarbeiten«.

Nick dreht sich um und eilt in Richtung Parkplatz davon. Ohne zu zögern folge ich ihm.

Die Zeiger der Uhr nähern sich Mitternacht. Durch die dunklen Straßen von Chişinău fahren wir zu dem Hotel, das wir gebucht haben.

»Sind Sie auch aus dem Vereinigten Königreich?«, frage ich.

»Ja, aber ich lebe jetzt in Portugal.«

»Und Sie bewachen Journalisten, weil Sie Kampferfahrung haben.«

»Ja, ich habe im Irak gedient. Woher wussten Sie das?«

»Ha ha, ich weiß alles«, necke ich den Briten, »keine Angst, Ihr Kollege hat mir alles erzählt, als wir in Chişinău festsaßen.«

Nick lacht laut auf.

»Morgen früh um 10 Uhr«, sage ich, »werden sie am Grenzübergang Palanka auf uns warten, um nach Odessa zu fahren.«

»Dann fahren wir um 8 Uhr los«, sagt er, »wir brauchen etwa zwei Stunden bis zur Grenze.«

Am Morgen fährt unser Auto an den Kontrollpunkt heran. Vor uns stehen mehrere Wagen mit ukrainischen Nummernschildern. Es gibt Menschen, die trotz des ständigen Beschusses beschlossen haben, nach Hause zurückzukehren. Ein Mann in Uniform geht gemächlich an der Autoschlange entlang. Als er bei uns angekommen ist, nimmt er unsere Dokumente und bittet uns, den Kofferraum zu öffnen. Als der Grenzbeamte zwei große Benzinkanister sieht, teilt er uns entrüstet mit:

»Sie dürfen nicht mehr als 20 Liter Benzin mitführen.«

»Aber in der Ukraine gibt es keinen Treibstoff«, versucht Nick zu argumentieren, »wir können nirgendwo auftanken.«

»Das ist mir egal. Wir haben Regeln«, belehrt uns der Grenzbeamte.

Nick hat keine andere Wahl, als die Benzinkanister beim Zoll zurück zu lassen. Danach dürfen wir passieren.

»Ich habe Sie erkannt«, sagt ein lächelnder ukrainischer Grenzsoldat zu mir, »waren Sie diejenige, die mit einem Plakat im russischen Fernsehen war?«

»Ja«, nicke ich, »jetzt gehe ich als Journalistin in meine Heimatstadt Odessa.«

»Darf ich ein Foto mit Ihnen machen?«, fragt er.

Wir treten zur Seite und machen Selfies. Der Grenzbeamte übergibt uns unsere Pässe und wünscht uns eine gute Reise.

Auf der ukrainischen Seite wartet ein Begleitfahrzeug der Polizei auf uns. Ohne anzuhalten, vorbei an zahlreichen Kontrollpunkten mit Panzerabwehrsperren, rasen wir Richtung Odessa. Häuser mit Sandsäcken vor den Fenstern ziehen am Straßenrand vorbei.

Mein Handy läutet. Es ist Savely.

»Ich warte auf Sie. Haben Sie die Grenze schon überquert?«

»Ja, gerade eben.«

»Laden Sie sich die App eTrivoga auf Ihr Handy herunter, die Sie vor Luftangriffen warnt. Ich schicke Ihnen den Link.«

Ich lade mir die App herunter. Mein Telefon heult ununterbrochen, und auf dem Bildschirm erscheinen rote Signale:
»Kiew – in Deckung gehen«
»Region Kiew – in Deckung gehen«
»Bezirk Tscherkassy – in Deckung gehen«
»Bezirk Mykolajiw – in Deckung gehen«
»Bezirk Odessa – in Deckung gehen«
Ich schalte das Telefon stumm und rufe Savely an.

»Wie kann ich das stoppen? Die Sirenen heulen ununterbrochen.«

»Wählen Sie in den Einstellungen nur Odessa aus, den Rest löschen Sie«, rät er. »Kommen Sie direkt zu mir nach Hause, ich werde Sie dort treffen. Ihr Hotel liegt direkt neben meinem Haus an der Strandpromenade.«

Unser Auto schlängelt sich durch die Straßen von Odessa. Ich schaue aus dem Fenster und erinnere mich an das letzte Mal, als ich vor zwanzig Jahren in dieser schönen Stadt am Meer war.

Da fuhr unser riesiger Dampfer die Krimküste entlang und legte im Hafen von Odessa an. Mit an Bord waren Filmemacher aus Russland, der Ukraine und anderen GUS-Ländern. Sie nahmen alle an einem internationalen Filmfestival teil. Damals war ich noch eine junge Reporterin aus Krasnodar, und unser Filmteam berichtete über das Filmfestival. Gemeinsam mit berühmten Schauspielern und Regisseuren spazierten wir durch die Deribasovskaya-Straße und genossen das Lokalkolorit. Niemand von uns konnte sich vorstellen, dass Putin in nur zwölf Jahren die Halbinsel Krim aus der Ukraine herausreißen und den Donbass destabilisieren würde. Und in weiteren acht Jahren einen veritablen Krieg beginnen würde.

Wir halten mit unserem Wagen vor einem neuen Wohnblock. Savely trifft uns vor dem Supermarkt.

»Hallo, wie war Ihre Reise? Kommen Sie, ich zeige Ihnen Ihr Hotel.«

»Das ist verrückt! Ich habe mich die ganze Zeit mit der App beschäftigt, die ich herunterladen sollte. Sie bombardieren die gesamte Ukraine ohne Unterlass, und sie belügen uns ganz unverhohlen. Putin ist dabei, die Ukraine eiskalt zu vernichten. Das ist echter Völkermord!«

»Der russische Außenminister Lawrow hat vor kurzem zugegeben«, fügt Savely hinzu, »dass sie den gesamten Süden der Ukraine, die Regionen Cherson, Mykolajiw und Odessa, übernehmen und ins nicht anerkannte Transnistrien einmarschieren wollen. Aber wir werden ihnen Odessa nicht überlassen! Sie sollen nicht einmal davon träumen ...«

Wir drei, Savely, Nick und ich, gehen hinunter zum Meer und die Promenade entlang. Es scheint alles wie sonst auch zu sein. Kinderlachen ist zu hören, ein paar Jugendliche fahren auf Elektrorollern an uns vorbei, ein Mann und ein Mädchen in Trainingsanzügen joggen uns entgegen. Nur in Ufernähe stehen die roten Schilder: »Vorsicht Minen«.

»Sie bombardieren uns vom Meer aus, von dort drüben. Die Raketen flogen tief über dem Meer. Nachdem die ukrainische Armee den Kreuzer ›Moskwa‹ abgeschossen hatte, entfernten sich die russischen Kriegsschiffe aus Angst vor weiteren Angriffen von der Küste. Früher konnte man sie direkt von den Fenstern meiner Wohnung aus sehen. Hier ist Ihr Hotel, machen Sie es sich bequem. Wenn Sie möchten, können Sie am Pool ein Sonnenbad nehmen.«

Savely deutet auf den kleinen Pool, an dem sich ein paar Leute auf weißen Plastikliegen erholen und die warmen Strahlen der Mai-Sonne genießen.

»Haben Sie keine Angst?« frage ich erstaunt.

»Ein Luftabwehrsystem ist über der Stadt in Betrieb. Am Anfang haben wir uns in Kellern versteckt, aber jetzt sind wir daran gewöhnt. Niemand versteckt sich mehr bei Luftangriffen.«

»Warum?«

»Alle waren müde und, man könnte sagen, daran gewöhnt. In den ersten Tagen des Krieges war die Stadt menschenleer, aber jetzt kehren die Menschen nach Hause zurück. Meine Nachbarn sagen, dass das Risiko, bei einem Luftangriff getötet zu werden, in etwa so hoch ist wie bei einem Autounfall.«

»Nein, da stimme ich nicht mit Ihnen überein. Das Risiko ist deutlich höher.«

Wir vereinbaren mit Savely, dass er uns morgen durch die Stadt führt.

Spät in der Nacht, auf dem Parkplatz vor dem Hotel, treffen wir einen Kameramann aus Kiew. Ein schlanker, mittelgroßer Mann steigt aus einem kleinen grauen Ford, der mit einer dicken Staubschicht bedeckt ist.

»Sergej«, stellt er sich vor. »Ich habe eigentlich in Kiew auf Sie gewartet. Aber ich bekam eine Nachricht aus Berlin, dass ich dringend nach Odessa müsse.

»Ja, wir werden hier ein paar Tage lang arbeiten. Und dann wird ein Begleitfahrzeug für uns geschickt und wir fahren nach Kiew«, stelle ich klar.

Um 6 Uhr morgens heult die Luftangriffssirene am Telefon los. Ich springe aus dem Bett, öffne den Vorhang und schaue aus dem Fenster. Am Horizont verschmelzen die dunklen Wolken mit der Schwärze des Meeres. Es herrschte eine bedrohliche Stille.

Das Telefon klingelt. Es ist Savely: »Sind Sie schon wach? In der Presse hier in Odessa wird berichtet, dass sich mehrere Kriegsschiffe von der Krim in Richtung Odessa bewegt haben«, sagt er aufgeregt.

»Wollen Sie mich erschrecken? Was sollen wir tun? Wohin sollen wir laufen? Wo können wir uns verstecken? Im Keller?«

»Ich glaube nicht, dass es sinnvoll ist, sich zu verstecken. Wenn sie kommen, sind Sie im Keller gefangen und können nicht mehr herauskommen.«

»Das denke ich auch, aber ich will nicht sterben ...«

»Alles wird gut«, beruhigt mich Savely, »wir treffen uns wie vereinbart um 10 Uhr an der Rezeption. Ich werde Sie zuerst zum russischen Konsulat bringen.«

Wir gehen zum Auto. Savely erklärt dem Sicherheitsmann unsere Route auf dem Navigationsgerät. Der Kameramann verstaut sein Stativ im Kofferraum, und ich schaue mir auf meinem Handy die Orte der Kampfhandlungen an. Fast das gesamte Gebiet der Ukraine ist rot markiert.

Das Auto kurvt durch die Straßen von Odessa. An einer der Kreuzungen bemerke ich eine große Werbetafel. »Russischer Soldat, halt! Töten Sie keine Menschen für Putin. Gehen Sie mit einem guten Gewissen nach Hause.« Ich mache ein Foto und stelle es in meinen Status ein.

Ein paar Minuten später parkt Nick unseren Geländewagen in der Nähe eines roten Zauns. »Irpen, Butscha, Mariupol«, steht in großen schwarzen Buchstaben an der Wand.

»Von den Fenstern meiner Wohnung aus habe ich gesehen, wie russische Diplomaten zwei Tage vor Kriegsbeginn Dokumente verbrannten und dann von hier flüchteten«, erzählt Savely.

Die Türen des russischen Konsulats sind fest verschlossen. Vor dem Eingang sind Soldaten der militärischen Verteidigungskräfte im Einsatz.

»Ich zeige Ihnen das zerstörte Hotel«, schlägt Savely vor, »dort ist letzten Monat eine russische Granate eingeschlagen. Es ist gut, dass zu diesem Zeitpunkt niemand dort war.«

Wir fahren an den Rand der Stadt. Direkt am Strand steht ein langes zweistöckiges Gebäude. Der mittlere Teil des Hotels ist völlig zerstört.

»Es sieht so aus, als wollten sie den Fernmeldeturm auf dem Berg zerstören und sind stattdessen hier eingeschlagen«, bemerkt unser ukrainischer Kollege, als er aus dem Auto aussteigt.

Der Wind bewegt ein Schild mit der Aufschrift »Minen«. Es hängt an einer dünnen Eisenkette, die den Eingang zum Hotelgelände versperrt. Es ist niemand zu sehen. Der Strand ist menschenleer. Nur eine Gruppe hungriger Hunde trottet in der Ferne die Straße entlang und beobachtet uns aufmerksam. Sergej richtet seinen Camcorder auf sie. Die Hunde erstarren für eine Sekunde, dann ziehen sie die Schwänze ein und rennen jaulend weg. Ich fühle mich unwohl.

»Lassen Sie uns in die Stadt zurückkehren«, schlage ich meinen Begleitern vor.

Wir steigen wieder ins Auto und fahren in Richtung eines zerstörten Wohnblocks. Dort ist kurz vor Ostern eine ganze Familie gestorben. Der Familienvater war losgezogen, um Brot zu holen, und als er zurückkam, klaffte ein schwarzes Loch in der Wohnung der Familie. Seine Frau, seine drei Monate alte Tochter und seine Mutter waren tot.

Als wir uns dem Wohnblock nähern, hören wir das Geräusch einer Schleifmaschine. Nur ein Teil des Hauses wurde beschädigt, so dass die Bauarbeiter in aller Eile die eingestürzten Decken wieder aufbauen. Eine junge Frau mit einem Kinderwagen kommt aus dem Eingangsbereich.

»Natürlich habe ich Angst, aber ich kann nirgendwohin«, sagt sie. »Unsere Wohnung liegt in einem anderen Eingang, sie ist nicht zerstört, aber im Moment des Aufpralls haben alle Wände gewackelt, der Putz fiel von der Decke. Alle Verwandten riefen mich an und fragten, wie es uns geht. Das Mädchen, das gestorben ist, Kira, war so alt wie meine Tochter, wir sind immer zusammen spazieren gegangen.«

Die Frau bückt sich in den Kinderwagen und zieht die rosa Decke zurecht. Ihre Tochter schaut neugierig auf Sergej und seine kleine Videokamera.

Ich habe einen weiteren nervösen Hustenanfall. Ich senke meinen Kopf, trete zur Seite und sehe mehrere ausgebrannte Autos.

»Geht es Ihnen gut?«, fragt der Sicherheitsbeamte.

»Ja. Ich habe veranlasst, dass wir morgen früh von Leuten aus Kiew abgeholt werden.«

»Lassen Sie uns zum Auto gehen. Ich möchte Ihnen dort noch etwas zeigen, bevor wir losfahren.«

Nick öffnet den Kofferraum, der mit Kanistern, Helmen, Splitterschutzwesten und Zelten vollgestopft ist, und holt eine große Tasche mit medizinischem Material heraus.

»Hier ist eine Aderpresse, um eine Blutung zu stoppen. Schmerzstillende Injektionen ...«, beginnt er zu erklären.

»Warum zeigen Sie mir das?«, unterbreche ich ihn. »Ich habe keinen medizinischen Abschluss. Ich bin Journalistin. Wissen Sie selber, wie man es benutzt?«

»Natürlich«, antwortet Nick.

»Das ist gut. Dann werden Sie mich retten!«

Am nächsten Morgen warten zwei Personen – ein Mann und eine Frau – an der Hotelrezeption auf mich.

»Ich erkenne Sie«, sagt die Frau. Sie hat lange, gelockte Haare und trägt eine graugrüne Jacke. »Mein Name ist Lisa* (Name geändert) und ich bin eine Freiwillige aus den Niederlanden. Ich helfe Flüchtlingen. Ich habe meine eigene Wohltätigkeitsstiftung. Und das ist Jaroslaw* (Name geändert), er ist Ukrainer und arbeitet mit amerikanischen Menschenrechtsverteidigern zusammen.«

»Schön, Sie kennenzulernen«, grüße ich.

»Warum kommen Sie nicht mit zu uns ins Auto und Ihr Leibwächter folgt uns?«, fragt Jaroslaw.

»Er ist kein Leibwächter, er ist ein Sicherheitsbeauftragter«, stelle ich klar.

»Okay«, meint Jaroslaw. »Dann soll er uns folgen und so nah wie möglich hinter unserem Auto bleiben. Wir werden die Straßensperren passieren ohne anzuhalten, denn wir haben einen speziellen Geheimcode.«

Wir steigen in einen schwarzen Mercedes ein. Der Fahrer gibt Gas, und wir rasen durch den Verkehr auf der Autobahn in Richtung Kiew. »Das ist die trendigste Farbe der Saison«, scherze ich, während ich meine khakifarbene Jacke anziehe. »Selenskyj trägt nur diese Farbe. Ich habe sie extra in Chişinău gekauft, als ich zum ersten Mal in die Ukraine reisen wollte. Aber dann habe ich es nicht geschafft.«

»Sie sind eine Heldin«, sagt Jaroslaw. »Sie haben alles geopfert, um die Wahrheit zu sagen.«

»Ja, ich habe kein Zuhause und keine feste Arbeit mehr. Mein Ex-Mann hat mich verklagt und will mir meine Kinder wegnehmen. Ich denke, er handelt auf Anweisung von oben.«

»Live auf Sendung zu protestieren zeugt von unglaublichem Mut. Wie haben Sie sich dazu entschieden?«, fragt Lisa.

Wieder einmal erzähle ich auf humorvolle Art alle Einzelheiten des Protests. Wir lachen die ganze Zeit. Dies ist eine Art mentaler Abwehrreaktion, die uns hilft, nicht den Verstand zu verlieren angesichts all des Schreckens, der um uns herum geschieht. Unser Auto passiert eine kleine Straßensperre nach der anderen mit Leichtigkeit. Bei den größeren verlangsamt der Fahrer ein wenig und nennt den Männern in Tarnkleidung ein geheimes Wort.

»Möchten Sie mit ukrainischen Journalisten sprechen?«, fragt mich Lisa.

»Natürlich, ich würde gerne meine Geschichte erzählen.«

»Vielleicht könnten wir eine kleine Pressekonferenz veranstalten und ein paar Journalisten einladen?«, fragt sie.

»Nur zu, das würde ich gerne tun.«

»Dann werde ich alles auf der Grundlage von Interfax organisieren und eine Presseerklärung schreiben.«

»Sind Sie sicher, dass das eine gute Idee ist?«, frage ich vorsichtig. »Interfax ist eine russische Agentur, sie werden es nach Moskau melden. Es wird einen Skandal geben.«

»Sie sind Moskau nicht untergeordnet.«

»Trotzdem habe ich vor, in der Ukraine als *Welt*-Journalistin zu arbeiten, ich möchte nach Buka, Irpen, vielleicht sogar nach Charkiw gehen.«

»Es ist sehr gefährlich in Charkiw.«

»Ich weiß, helfen Sie mir bitte. Dort lebt eine Familie – Karina mit ihrem Mann und ihrem zehnjährigen Sohn. Ihre Wohnung wurde zerbombt, sie haben keine Habseligkeiten mehr. Sie schrieb mir auf Instagram und bat um Hilfe, um nach Europa zu gelangen. Ich habe für sie eine Wohnung in Frankreich gefunden und ihr Geld geschickt, um ihre Pässe anfertigen zu lassen.«

»Keine Sorge, natürlich werden wir ihnen helfen. Ich habe eine Möglichkeit, Flüchtlinge aus Charkiw herauszuholen.«

Unser Auto fährt in die Tiefgarage des Hotels im Zentrum von Kiew. Wir fahren mit unseren Koffern im Aufzug ins Erdgeschoss.

»Ich bin Amber* (Name geändert)«, stellt sich eine junge blonde Amerikanerin vor. »Ich freue mich sehr, dass Sie sich uns angeschlossen haben. Unsere Leute werden Sie beschützen.«

In der Lobby des luxuriösen Fünf-Sterne-Hotels stehen in der Ferne mehrere große bärtige Männer in Tarnkleidung mit Maschinengewehren.

»Dann werden wir morgen die Pressekonferenz ankündigen«, sagt Lisa. »Heute ist es zu spät.«

Wir fahren mit Nick im Aufzug in den fünften Stock. »Ich fahre in die Stadt, um Benzin zu besorgen«, sagt Nick. Zurück im Hotel zeigt er mir ein Video von einer kilometerlangen Schlange vor einer Tankstelle in Kiew.

Am Morgen kommt eine Nachricht von Lisa an: »Wir haben die Pressekonferenz angekündigt. Und dann ist etwas Unvorstellbares geschehen. Interfax bekam einen Anruf aus Moskau und erhielt Drohungen. Das Frau, die die Anfragen entgegennimmt, wird ebenfalls bedroht. Sie sagt, sie habe so etwas noch nie erlebt. Die Drohungen kommen sowohl aus Moskau als auch von ukrainischen Journalisten. Sie nennen Sie eine Propagandistin und eine FSB-Agentin. Wir mussten die Pressekonferenz wegen der negativen Reaktion der Öffentlichkeit absagen.«

Ich öffne meine Social-Media-Kanäle und beginne zu lesen. Eine Welle von Hetze, Hass und heftigen Beleidigungen überrollt mich.

»Owsjannikowa ist an den Manipulationen und psychologischen Operationen des Kremls beteiligt. Sie fordert die Aufhebung der Sanktionen.«

»Journalistenverband der Ukraine fordert, Owsjannikowa den Václav-Havel-Preis abzuerkennen.«

»Wo ist der Sicherheitsdienst? Wir müssen die Propagandistin verhaften und sie sofort verhören.«

Ich gehe zügig durch den kleinen Raum, das Blut pulsiert in meinen Schläfen. Ich nehme ein Beruhigungsmittel aus meiner Tasche. In meinem Messenger erscheint ein Anruf von einer unbekannten Moskauer Nummer.

»Hallo, Marina Wladimirowna, hier ist eine Journalistin der Zeitung *Kommersant*. Wir möchten Sie zu einer Konferenz einladen, die online stattfinden wird.«

»Konferenz zu welchem Thema?«

»Über Russophobie.«

»Ich habe eine Menge zu diesem Thema zu sagen. Es gibt keine Russophobie in Europa, dieses Thema wird von den Propagandamedien bewusst geschürt, um die Russen dazu zu bringen, sich um Putin zu scharen.«

»Ich benötige Ihr vorheriges Einverständnis, eine Person aus unserer Redaktion wird Sie später kontaktieren. Sie werden dann Ihre Zustimmung bestätigen...«

Die Person am anderen Ende der Leitung zieht die Worte in die Länge und versucht auf Zeit zu spielen. Ich lege auf und denke eine Sekunde lang nach.

Was zum Teufel – *Kommersant*? Mein Name ist in Russland verboten. Wer hat mich angerufen? Was war das für ein seltsamer Anruf?

Ohne eine Sekunde zu verlieren, klopfe ich an die Tür nebenan und sage Nick Bescheid. Er sieht mich mit großen Augen an:

»Wussten Sie nicht, dass man mit Hilfe von Spezialgeräten eine Person in wenigen Minuten orten kann? Warum nehmen Sie Anrufe von Nummern an, die Sie nicht kennen?«

»Ich bin manchmal zu vertrauensselig«, antworte ich und merke, dass ich etwas Dummes getan habe.

»Ich weiß nicht, wahrscheinlich hat das FSB versucht, herauszufinden, wo Sie sind.«

Ein Schauer läuft mir über den Rücken. Nick rennt wie ein wütender Tiger auf und ab:

»Wir müssen morgen früh gleich um fünf Uhr aufbrechen«, ruft er. »Ich weiß, dass Leute von der SBU (Sicherheitsdienst der Ukraine) angerufen haben, es gibt zu viele Drohungen in den Sozialen Medien. Die Situation wird sehr gefährlich. Sie werden uns zur polnischen Grenze eskortieren...«

»Warum nach Polen und nicht zurück nach Moldau?«, jammere ich, »ich habe einige meiner Sachen im Hotel in Chișinău gelassen. Ich habe eine schwere Statuette in meinem Rucksack gelassen, die ich auf dem Freiheitsforum erhalten habe.«

»Was ist Ihnen wichtiger, irgendeine verdammte Statue oder Ihr eigenes Leben«, versucht Nick, mich zu überzeugen.

»Also gut, vergessen Sie die Statue, wir fahren dorthin, wohin Sie wollen.«

Wir gehen hinunter ins Erdgeschoss. Die bärtigen Männer mit Maschinengewehren sind nicht mehr in der Lobby. Es herrscht eine bedrückende Stille.

»Wohin ist das Sicherheitspersonal verschwunden?«, frage ich Nick mit besorgter Stimme und schaue mich um.

»Ich weiß es nicht, verdammt«, schimpft er, »sie waren vor zwei Stunden hier.«

»Es ist sehr seltsam, weder Lisa noch Jaroslaw antworten mir. Was ist los?«

Wir gehen in ein Café und setzen uns an einen Tisch. In diesem Moment kommt eine SMS von einer unbekannten Nummer an: »Der Berater des Innenministers möchte sich mit Ihnen treffen.«

»Es tut mir leid, aber ich möchte mich nicht mit Strafverfolgungsbeamten treffen. Ich wollte mich mit Journalisten treffen«, schreibe ich zurück und bin erschrocken über all das, was vor sich geht.

Nach einiger Zeit erscheint ein Bericht in den Nachrichtenagenturen: »Marina Owsjannikowa ist in der ukrainischen Feindesdatenbank ›Peacemaker‹ gelistet. Sie ist in die psychologische Kriegsführung des Kremls eingeweiht.«

»Nick, es ist ein Informationskrieg. Niemand glaubt mir. Sagen Sie mir, in welches Gefängnis ich gehen soll – in das russische oder in das ukrainische?«

»Warum das ukrainische? Sie wollen Ihnen helfen, nicht wahr? Ich verstehe es nicht«, zuckt der Brite überrascht mit den Schultern.

»In den Sozialen Medien schreiben die Leute, ich solle ins Gefängnis kommen, weil ich Propaganda betrieben habe.«

»Die Welt ist verrückt geworden. Wir fahren morgen um Punkt 5 Uhr ab. Die SBU-Leute weigern sich, uns zu begleiten.«

»Warum? Was ist passiert?«

»Sie wollen kein Risiko eingehen.«

»Fahren wir allein?«

»Es gibt keinen anderen Ausweg. Wir müssen so schnell wie möglich aufbrechen.«

»Dann lassen Sie uns uns nach Chișinău fahren, wenn wir allein unterwegs sind.«

»Okay«, antwortet Nick trocken und bemüht sich, eine weitere Nachricht seines Chefs zu lesen.

Am Abend ziehe ich die Vorhänge zurück und trete auf den Balkon hinaus. Die Dunkelheit der Nacht senkt sich langsam über die Stadt. Die Straßen sind menschenleer. In Kiew ist eine Ausgangssperre verhängt worden.

Ich falle für ein paar Stunden in einen leichten Schlaf und habe einen Albtraum nach dem anderen. Ich wache um 3 Uhr morgens auf, schalte die Nachttischlampe ein und beginne, die Nachrichten zu lesen: »Beschuss der Regionen Liman, Nikolajew, Tschernigow und Odessa...«

Um 4.45 Uhr meldet das Telefon einen neuen Luftangriff:

»Kiew – in Deckung gehen«

Mein Herz klopft wie wild. Ich stürme auf den Korridor hinaus und klopfe an die nächste Zimmertür: »Nick, wir müssen weg...warum verstecken wir uns nicht in der Tiefgarage?«

Nick schnappt sich leise eine große khakifarbene Tasche und rennt zur Tür hinaus. Wir nehmen den Aufzug nach unten. Die Luftangriffssirenen verstummen.

Nick wirft seine Sachen ins Auto und wir fahren ins Ungewisse.

»Wir werden es nicht schaffen, an neun Straßensperren vorbeizukommen. Wir werden unter Beschuss geraten oder verhaftet werden«, jammere ich und verstecke mich auf dem Rücksitz des Autos.

»Ich werde sie zur Vernunft bringen. Ich bin ein britischer Journalist, ich habe eine Akkreditierung und Sie sind meine Dolmetscherin. Das Wichtigste ist, dass sie nicht merken, dass Sie einen russischen Pass haben. Tun Sie so, als ob Sie tief und fest schliefen.«

Bäume huschen am Straßenrand vorbei. Die erste Straßensperre zeichnete sich bereits ab. Nick hält neben einem großen, dicklichen Mann in Tarnkleidung.

»Hallo! Wie geht es Ihnen?« Nick lächelt ihn an wie einen alten Freund. »Mein Name ist Nick. Wir haben an vorderster Front gearbeitet. Es war gefährlich.«

Nick hält dem Soldaten seine Akkreditierung entgegen. In diesem Moment bemerkt mich der dieser. Ich liege mit geschlossenen Augen auf dem Koffer und tue so, als ob ich schlafe.

»Zeigen Sie mir Ihre Pässe«, fordert der Soldat.

Nick, der immer noch lächelt und ununterbrochen plaudert, hält ihm seinen blauen britischen Pass hin.

»Und Ihr Reisepass?« Der Soldat sieht mich streng an.

Langsam öffne ich die Augen, nehme meinen russischen Reisepass mit dem schwarzem Umschlag aus der Tasche und klappe ihn schnell auf der Seite mit dem deutschen humanitären Visum auf. Der Soldat schaut auf das Visum, dann wendet er seinen Blick zu mir.

Ich lächle und unterhalte mich zwanglos mit Nick.

Der Soldat starrt uns wieder an und gibt Nick in aller Ruhe unsere Pässe zurück.

»Alles Gute, Kumpel«, ruft Nick ihm zum Abschied zu und drückt kräftig aufs Gaspedal.

Der Geländewagen hinterlässt eine Staubwolke.

»Juhu, es hat geklappt«, jubele ich vor Freude. »Er hat nicht bemerkt, dass ich einen russischen Pass habe. Ich glaube, er dachte, ich sei Engländerin. Es gibt nur acht Kontrollpunkte bis zur Grenze. Vielleicht haben wir ja Glück.«

»Natürlich werden wir das«, ruft Nick zurück, »Ihnen wird es gut gehen, wir werden das durchstehen.«

An jedem Kontrollpunkt führt mein Begleiter ein Spektakel auf: Er erzählt den Soldaten anschaulich von seinem Dienst im Irak, fragt, wo man tanken kann und wie man den nächsten Laden findet. Die Wachmänner hören unserem Englisch aufmerksam zu, werden ein wenig verlegen und versuchen, uns in gebrochenem Englisch den Weg zu erklären. Niemand sonst fragt mich nach meinem Reisepass.

»Nick, Sie sollten einen Oscar bekommen«, applaudiere ich ihm laut, als wir die letzte Straßensperre sicher passiert haben. »Sie haben mir wirklich das Leben gerettet. Es ist nur eine Frage der Zeit, bis wir die Grenze überqueren. Vorsichtshalber schickte ich meinem Anwalt eine SMS und bitte ihn um Hilfe. Wie lange wird das Verhör Ihrer Meinung nach dauern? In Moskau wurde ich 14 Stunden lang verhört.«

»Ich hoffe, man lässt Sie in der Ukraine schneller gehen.«

Vor uns liegt der bekannte Grenzübergang Palanka. Unser Auto steht am Ende eines kleinen Staus. Die Juni-Sonne brennt auf uns herab. Nick öffnet die Fenster und stellt den Motor ab. Dann warten wir.

Der junge Grenzbeamte nimmt meinen Pass und führt mich in ein kleines Büro.

»Zeigen Sie mir Ihre Handys«, sagt er.

»Bitte!« Ich gebe die Passwörter in beide Telefone ein und gebe sie ihm. »Ich habe nichts zu verbergen.«

Der Junge studiert den Inhalt der Messenger mit Interesse. Er scheint noch nie in seinem Leben so viele Kontakte aus der ganzen Welt gehabt zu haben.

»Wundern Sie sich nicht. Nach meinem Protest schreiben mir völlig fremde Menschen, meist Journalisten. Wir haben einen gemeinsamen Feind, und der sitzt im Kreml. Wir sind alle zu Geiseln von Putin geworden, der verrückt geworden ist und die Welt mit Atomwaffen bedroht. Sie verteidigen Ihr Heimatland. In der Ukraine stehen die Menschen Schlange, um sich beim Militär zu registrieren, während in Russland die Einberufungsämter angezündet werden, weil niemand für Putin sterben will.«

Nach einem zweistündigen Gespräch meldet der Grenzbeamte seinem Vorgesetzten, dass alles in Ordnung sei. Wir machen Selfies, er gibt uns unsere Dokumente und lässt uns gehen.

Ich steige ins Auto und beginne, die Nachrichten zu lesen. »Stellen Sie sich vor«, sage ich zu Nick, »die Behörden in der Ukraine schlagen vor, mir die Einreise zu verbieten. Und in Russland hat der Sprecher der Staatsduma gesagt, dass mir die Staatsbürgerschaft entzogen werden sollte. Das ist mein persönliches Schicksal im Kampf gegen diesen sinnlosen Krieg«, sage ich müde. Mein Beschützer zuckt überrascht mit den Schultern. Spät in der Nacht halten wir vor dem Hotel in Chişinău. Nick telefoniert und bespricht Möglichkeiten für meine weitere Evakuierung nach Deutschland.

Unglaublich müde gehe ich ins Hotelzimmer und beginne, meinen Koffer auszupacken. In diesem Moment klopft es an der Tür, Nick kommt hereingerannt und schreit:

»Es ist dringend, wir brechen auf.«

»Was ist passiert? Wohin?«

»Rumänien. Stellen Sie keine unnötigen Fragen.«

Ich werfe meine Sachen schnell wieder in den Koffer, Nick

schnappt ihn sich und rennt die Treppe hinunter. Ich kann kaum mit ihm mithalten, renne ihm hinterher und stopfe den Rest aus dem Zimmer in die Tasche. Eine Dose Haarspray fällt aus der Tasche und rollt geräuschvoll die Treppe hinunter. Die Putzfrau verabschiedet uns mit einem überraschten Blick.

Ich springe ins Auto und rufe:

»Was zum Teufel ist hier los? Warum die Eile?«

»Es ist gefährlich hier, unser Sicherheitsdienst hat beschlossen, Sie so schnell wie möglich nach Deutschland zu schicken. Ihr Flugzeug startet in zwei Stunden vom rumänischen Flughafen und Ihr Ticket ist bereits gekauft. Ich werde Sie zum Flughafen bringen, aber ich muss mein Auto nach Polen zurückbringen.«

Wir rasen Richtung Flughafen und werden an der moldauisch-rumänischen Grenze aufgehalten.

»Lassen Sie uns bitte durch«, flehe ich die Grenzbeamten an. »Wir sind spät dran für unser Flugzeug.«

Die Grenzbeamten werfen uns einen gleichgültigen Blick zu. Abgesehen von uns, hat es niemand eilig.

»Sie hätten das nicht sagen sollen, jetzt werden sie uns absichtlich lange kontrollieren«, brummt Nick.

Zwanzig Minuten später erhalten wir unsere Dokumente zurück. Wie durch ein Wunder erwische ich in letzter Minute den Flug nach Berlin.

18. Mobbing

Juni 2022, Berlin

»Wann kann ich die Geschichten aus Odessa bearbeiten? Ich habe den Text schon fertig, ich brauche einen Lektor«, schreibe ich meinen Kollegen, sobald mein Flugzeug in Berlin landet.

Meine Nachricht bleibt unbeantwortet.

Es ist Freitag. Ich habe seit zwei Tagen nicht mehr geschlafen und bin erschöpft, aber Arbeit ist Arbeit.

Im Hotel lege ich das Telefon neben mein Kopfkissen und werfe mich, ohne mich auszuziehen, auf das Bett und warte auf eine Antwort. Ich bin jeden Moment bereit, in die Redaktion zu eilen. Als ich meine Augen wieder öffne ist es Samstagmorgen. Es gibt keine Antwort. Der Tag vergeht mit Warten, doch ich bekomme weiterhin keine Antwort. Schweigen. Auch am Sonntag bleibt das Telefon stumm. Ich weiß nicht, was ich davon halten soll. Erst am Montagabend trifft eine Nachricht ein:

»Die Geschäftsführung der *Welt* erwartet Sie morgen um 16 Uhr.«

Kein Wort über die Bearbeitung und mein Material aus Odessa. Das ist alles sehr seltsam. Während ich auf die vereinbarte Zeit warte, scrolle ich durch meinen Newsfeed und die Sozialen Medien. Aber je mehr ich mich mit den Kommentaren zu meinen Beiträgen oder Meldungen, in denen mein Name auftaucht, beschäftige, desto erschreckender wird es. Die Kommentare triefen vor Hass, ihre Verfasser sind nicht zimperlich in ihrer Wortwahl. Und das Erstaunlichste ist, dass diese Ablehnung Russen und Ukrainer vereint hat. Sie haben sich mit gleicher Wut gegen mich gewandt. Einige von ihnen sagen, ich werde vom Westen bezahlt, andere sagen, ich sei eine FSB-Agentin, wieder andere sagen, ich sei eine Propagandistin, die nie zurückkehren wird. Kurz gesagt, ich bin ein Feind für alle.

In mir zieht sich alles zusammen und ich suche verzweifelt nach einem einzigen positiven Kommentar. Ich möchte meine Augen schließen, aufwachen, verschwinden oder einfach nur sterben... Ich fühle, wie Panik in mir aufsteigt und kann nicht mehr atmen...

Warum nur?

Völlig erschöpft gehe ich zu meinem Treffen mit der Geschäftsführung der *Welt*.

Zwei Personen sitzen an einem langen Tisch. Ihre Gesichter sind konzentriert. Ich hoffe immer noch, dass wir über das Material sprechen werden, das in der Ukraine gedreht wurde.

»Wissen Sie«, beginnt einer von ihnen mit leiser Stimme, »wir denken, wir können Ihnen keine Sicherheit bieten. Wir sind eine zu kleine Zeitung, Sie müssen sich einen größeren Arbeitgeber suchen.«

»Vielleicht werden Sie Ihr Buch weiterschreiben, wie Sie es geplant haben? – Wir werden Sie, wie vereinbart, noch drei Monate lang finanziell unterstützen.«

Ein Kloß sitzt mir im Hals. Ich merke, dass ich allein bin. Ganz allein. Ich senke den Blick und gehe schweigend aus dem Büro.

Unten, auf dem Weg aus der Redaktion, treffe ich einen Journalisten, den ich kenne. Er sieht mich erschrocken an. Wahrscheinlich sehe ich im Moment nicht gut aus.

»Ich wurde gerade gefeuert«, sage ich. »Ich kam aus der Ukraine zurück und niemand wollte mein Material. Sagen Sie mir, was war los, während ich weg war?«

»Die Ukrainer haben erneut protestiert. Auf der *Welt*-Webseite und in den Sozialen Medien gab es eine Reihe negativer

Kommentare. Sie fordern Ihre Entlassung. Sie haben sogar eine Petition gegen Sie auf Change.org erstellt. So etwas haben wir noch nie erlebt.«

»Dann ist alles klar. Der Kreml hat seinen Feind mit den Händen seiner Feinde vernichtet«, verabschiede ich mich und gehe mürrisch zu meinem Hotel. Eine Nachricht von einer unbekannten ukrainischen Nummer erscheint auf dem Bildschirm meines Smartphones:

»Guten Tag, ich bin Olesya Medwedewa von *strana.ua*. Ich würde gerne ein Interview mit Ihnen für unsere Seite aufnehmen.«

Ich habe das Gefühl, dass dies eine Chance ist. Ich kann endlich alles erklären, denke ich mir und freue mich ein wenig. Ich bin kein Feind der Ukraine, das ist ein Irrtum, ein Missverständnis. Ich werde ihnen alles erzählen, und sie werden erkennen, dass sie Opfer der schmutzigen Manipulation des Kremls sind.

Wir arrangieren ein Interview per Skype.

Eine halbe Stunde später geht ein Anruf ein. Auf meinem Laptop-Bildschirm ist ein dunkles Fenster zu sehen.

»Ich kann dich nicht sehen«, stelle ich fest.

»Ich brauche kein Video. Ich nehme nur Audio auf«, antwortet eine angenehme Frauenstimme, »wir sind eine Online-Publikation.«

Innerhalb einer Stunde beantworte ich alle Fragen offen und ehrlich. Es vergehen ein paar Tage, aber es erscheint kein Interview. Ich schreibe eine Nachricht an die ukrainische Nummer: »Olesya, wann kommt das Interview heraus?«

Die Nachricht ist nicht zugestellt worden. Die Nummer ist gesperrt.

Jetzt wird mir klar, dass es eine Finte war.

Ich spüre, dass etwas nicht stimmt, und beginne, online nach diesem Interview zu suchen. Ich finde das Video zufällig auf YouTube. Alle Fragen wurden nachgestellt, und meine Antworten wurden aus dem Zusammenhang gerissen. In den Untertiteln werde ich als Propagandistin bezeichnet, und unter dem Video finden sich Dutzende von negativen Kommentaren auf Ukrainisch.

In völliger Verzweiflung schließe ich mich in meinem Hotelzimmer ein, verstecke mich und versuche, nicht nach draußen zu gehen. Die nervösen Hustenanfälle beginnen früh am Morgen und hören erst am späten Abend auf. Ich brauche die Hilfe eines Arztes, aber ich habe mich selbst aufgegeben. Ich verbringe den ganzen Tag im Internet und scrolle wie wild durch die Newsfeeds:

»Das Schicksal derjenigen, die Russland in Richtung ›freie Welt‹ verlassen haben, ist nicht zu beneiden«, so der Propagandist Dmitri Kisseljow im Fernsehsender Rossija. »Sie werden als Russen verfolgt, ständig zur Umkehr gezwungen, verlassen ihre Heimat, und niemand ist zufrieden. Es handelt sich um dieselbe Marina Owsjannikowa, die mit einem Pappplakat in das Studio der Live-Übertragung des Programms *Wremja* eindrang. In Russland wurde sie vom Gericht zu einer Geldstrafe verurteilt, aber im Westen wurde sie sofort zur Heldin. Offensichtlich verwirrt durch all das, ließ Owsjannikowa ihre Kinder zurück.

In Deutschland bekam sie zunächst einen Job bei der *Welt*, doch dann verlangten unzählige demonstrierende Ukrainer ihre Entlassung. Kurz gesagt, es hat nicht geklappt bei der *Welt*. Sie ist in der Ukraine gelandet. Dort war es noch schlimmer. Die Website Peacemaker hat Owsjannikowa in ihre Datenbank aufgenommen, was ein schlechtes Zeichen für ihre Sicherheit ist. Und es gibt harte Drohungen im Internet ...«, berichtet der Moderator mit zufriedener Stimme.

»Von Odessa eilte Owsjannikowa nach Kiew. Dort gab sie eine Pressekonferenz und es kam ebenfalls zu organisierten

Demonstrationen gegen sie. Die Spur von Owsjannikowa begann sich danach zu verlieren. In den letzten Nachrichten hieß es, dass die Blondine eingeladen ist, Schilder mit den Namen der Teilnehmer bei Kampfsportveranstaltungen hochzuhalten. Dies wird üblicherweise in sehr knapper Bekleidung gemacht. Irgendwo in Amerika, glaube ich. Vielleicht ist es ein Scherz. Wie auch immer, ihre Antwort auf diese Einladung ist noch nicht bekannt«, berichtet Kisseljow mit Spott in der Stimme.

Ich habe das Gefühl, den Verstand zu verlieren. In dem Bemühen, mich zu schützen, »löscht« Kristina ständig beleidigende Nachrichten auf meinen Social-Media-Konten. Aber sie tauchen immer wieder auf. Dann verbiete ich mir, sie zu lesen.

Es sind nur noch drei Tage, bis meine Hotelbuchung ausläuft. Ich muss entscheiden, was ich als nächstes tun will. Ich bin allein in einem fremden Land, ohne Familie, ohne Unterkunft, ohne Arbeit und ohne Perspektive.

»Wann kommst du wieder?« Die Stimme meiner Tochter am Telefon ist wie ein Strohhalm für einen Ertrinkenden.

Ich spreche fast jeden Tag mit Arisha, und jedes Mal muss ich mich sehr anstrengen, damit sie meine innere Zerrissenheit nicht spürt. Für sie muss ich stark und zuversichtlich bleiben. Ohne dass sie es weiß, hilft mir meine Tochter wie keine andere.

Aber jetzt ist meine Kraft am Ende.

»Ich habe Angst, nach Russland zurückzugehen«, beginne ich, erschrocken über meine eigene Offenheit. »Sie könnten mich ins Gefängnis stecken. Warte noch ein bisschen, ich überlege, wie ich dich nach Deutschland holen kann.«

»Mein Vater wird mich auf keinen Fall gehen lassen. Er hat ein Reiseverbot für mich erwirkt. Ich habe nicht einmal einen Reisepass.«

»Arisha, wir werden uns etwas einfallen lassen. Du weißt, dass es keine hoffnungslosen Situationen gibt. Wir werden auf jeden Fall einen Ausweg finden.«

Ich schicke endlose Nachrichten über einen sicheren Messengerdienst an Menschen, denen ich vertraue: »Helft mir, meine Tochter aus Russland herauszuholen«. Meine Freunde sind ebenfalls hilflos.

Vorschläge, meine Tochter zu entführen und sie im Kofferraum eines Autos herauszuschmuggeln oder sie mit dem Pass eines anderen Mädchens über die Grenze zu bringen, werden sofort abgelehnt.

Das Smartphone meldet sich:

»Hallo! Alles ist ganz einfach«, höre ich die fröhliche Stimme meiner Nachbarin am Telefon. »Ich habe in Moskau eine Firma gefunden, die für 40 000 Euro einen Pass für ein Kind ausstellt, ohne dass die Eltern anwesend sind. Alles, was Sie brauchen, ist eine Geburtsurkunde und eine Meldebescheinigung.«

Ich könnte vor Freude tanzen. Zum ersten Mal in meinem Leben bin ich froh, dass Korruption in Russland weit verbreitet ist.

Abends gehe ich im Zentrum von Berlin spazieren. Ich gehe die Friedrichstraße entlang und atme die frische Luft ein. Aufgrund der Ereignisse der letzten Tage habe ich nicht mehr die Energie um joggen zu gehen. Ich schaue in die Gesichter der Passanten. Viele Frauen mit Kindern. Sie lachen, erzählen sich aufgeregt etwas. Ich schaue sie mit Neid an. Ihr Leben scheint glücklich und geregelt zu sein, durchgeplant für die nächsten Jahre. Aber ich weiß nicht, wie und wo ich morgen leben werde. Jeder neue Tag bringt neue Probleme mit sich, die sofort gelöst werden müssen. Aber ich glaube, ich habe Glück, Arisha wird bald bei mir sein und wir werden genauso unbeschwert über die Friedrichstraße schlendern können!

»Stell dir vor, sie haben mich abgewiesen. Sie haben gerade die Daten von Arisha in den Computer eingegeben, und es wurde sofort eine Markierung angezeigt – vom FSB«, schockiert mich die Nachbarin. Da hilft kein Geld der Welt.

Die letzte Hoffnung schwindet dahin, platzt einfach wie eine Seifenblase. Jetzt habe ich keine andere Wahl, als zurückzugehen. Alle, denen ich davon erzähle, versuchen unisono, es mir auszureden. Sie sind sich sicher, dass ich nie wieder aus dem Gefängnis herauskommen werde.

»Ihr Pass wurde anscheinend annulliert«, ruft Savely so munter wie eh und je in das Telefon. Kurz nach unserem Treffen in Odessa war er mit seiner Familie nach Italien gereist.

»Aus welchen Gründen? Ich bin russische Staatsbürgerin, also habe ich das Recht, einzureisen. Es liegen keine Strafverfahren gegen mich vor. Sie werden mich also ungehindert passieren lassen und weiterhin ihre Spielchen mit mir machen. In dieser Zeit werde ich meine Probleme lösen, mein Auto verkaufen, meiner Tochter einen Reisepass besorgen und dann mit ihr weggehen.«

»Sie gehen ein großes Risiko ein. Okay, sagen Sie mir Ihr Geburtsdatum und die genaue Uhrzeit, zu der Sie geboren wurden. Ich werde in Ihrem Horoskop nachsehen.«

Savely praktiziert die Astrologie schon seit langem professionell. Zu seinen Kunden zählen große Geschäftsleute und sogar Politiker. Ich glaube nicht an Horoskope, schicke ihm aber die Daten trotzdem. Am nächsten Tag schickt mir Savely eine Sprachnachricht:

»Ich habe alles überprüft, in Ihrem Horoskop steht nichts von Gefängnis. Aber seien Sie trotzdem vorsichtig. Wenn man Ihnen sagt, dass Ihnen der Pass entzogen wurde, setzen Sie sich auf eine Bank im Terminal und warten Sie dort. Und vor allem ruhig bleiben ...«

Nachdem ich die Nachricht gehört habe, lächle ich zum ersten Mal seit Tagen. Savely weiß, wie man die Stimmung auflockert. Ich verspreche ihm, dass ich mich nicht aufspielen werde, aber ich werde auch nicht schweigen.

Mein Hotel hat kein freies Zimmer mehr, und ich kann keine andere Unterkunft finden. In den billigen Hotels gibt es fast keinen Platz mehr. Die Stadt ist bis auf den letzten Platz gefüllt. Es gibt viele Flüchtlinge aus der Ukraine und Russen, die vor Putin geflohen sind.

Ich versuche mehrmals, ein Hotel ohne Kreditkarte zu buchen, aber es ist unmöglich. Wegen der Sanktionen funktionieren alle meine Karten außerhalb Russlands nicht. Ich verstehe das alles, Sanktionen sind eine sehr wirksame Maßnahme, um einen Krieg zu beenden. So beschließe ich einfach, am Flughafen zu übernachten.

Ich suche mir eine leere Bank, setze mich hin, lege meinen Kopf auf meinen Koffer und versuche zu schlafen. Ich habe Albträume…

Ein Traum über eine malaysische Boeing… Flug MH-17. Eine australische Familie spaziert durch die Trümmer des Flugzeugs. Das Paar sucht nach seiner einzigen Tochter… Es heißt, sie wollte zum Mars fliegen und das Leben zum Besseren verändern…

An jenem schicksalhaften Tag, dem 17. Juli 2014, als Separatisten ein Boeing-Passagierflugzeug im Donbass abschossen, war ich bei der Arbeit. Es war die abendliche Hauptsendezeit. Das gesamte Management war anwesend, so dass Entscheidungen in Windeseile getroffen werden konnten. Es gab noch kein Filmmaterial von der Tragödie, die Flugschreiber waren noch nicht entschlüsselt, aber die Schuldigen bereits gefunden. Alles musste der Ukraine in die Schuhe geschoben werden.

Die erste Version des Vorfalls wurde in der Zeitung *Večernje novosti* nur 40 Minuten nach dem Absturz veröffentlicht. Ein Korrespondent in Donezk berichtete, dass »ein ukrainischer SU-Kampfjet ein Passagierflugzeug in der Nähe der Stadt Sneschnoje angegriffen und abgeschossen hat«.

In der Sendung *Wremja* erklärte ein Militärexperte sehr überzeugend: »Es war nur möglich, das Flugzeug mit dem Boden-Luft-Raketensystem ›Buk‹ abzuschießen, das bei der ukrainischen Armee im Einsatz ist. Die Rebellen haben keine solchen Waffen ...«

Gegen Ende der Ausgabe berichtete Jekaterina Andrejewa: »Das wahrscheinliche Ziel der ukrainischen Rakete könnte das Flugzeug des russischen Präsidenten gewesen sein. Unter Wahrung der Vertraulichkeit sagte eine Rosawiazija-Quelle (zivile Luftfahrtbehörde Russlands), dass sich die russische ›Nummer Eins‹ und die malaysische Boeing am gleichen Punkt und auf der gleichen Ebene kreuzten. Das geschah in der Nähe von Warschau ...«

Die Fehlinformationen wurden so professionell und überzeugend eingestreut, dass ich selbst manchmal selbst den Eindruck hatte, dass nicht alles so eindeutig war. Was soll man erst über die normalen Zuschauer sagen, die auf der anderen Seite des Bildschirms saßen? Je unglaubwürdiger die Lüge war, desto eher wurde sie geglaubt.

Acht Jahre später prüfte das Bezirksgericht in Den Haag alle russischen Versionen und befand sie für unhaltbar. Das internationale Untersuchungsteam bewies, dass die malaysische Boeing von einem Boden-Luft-Raketensystem ›Buk‹ abgeschossen worden war, das aus Russland eingeführt und dann zurückgebracht worden war. Drei Separatisten wurden für schuldig befunden und in Abwesenheit zu lebenslanger Haft verurteilt.

Mit einem Schaudern wache ich auf... Mein Kopf droht zu platzen. Ich stehe auf und gehe zum Gate. Mir ist klar, dass die Rückkehr nach Russland eine echte Tortur für mich sein wird. Aber es gibt keinen anderen Weg.

19. Rückkehr nach Russland

Juli 2022, Moskau

Sobald mein Flugzeug auf dem Flughafen Wnukowo landet, rufe ich meinen neuen Anwalt an. Dmitri Sachwatow wartet in der Ankunftshalle auf mich:

»Geben Sie mir sofort Ihre Standortdaten«, rät Dmitri. »Wenn Sie bei der Passkontrolle festgenommen werden, werde ich wissen, wohin man Sie bringt.«

Nachdem ich ihm meine Daten gesendet habe, rufe ich meine Tochter an.

»Endlich bist du da«, höre ich ihre freudige Stimme, »nur Papa hat mich, als er erfuhr, dass du kommst, schnell von zu Hause weggeholt und in Großmutters Datscha versteckt. Aber ich will nicht hier bleiben, hol mich weg von hier.«

Ich schalte mein Telefon aus und gehe zielstrebig zur Passkontrolle. Der Grenzbeamte sieht sich meinen Pass an.

»Treten sie zur Seite und warten Sie hier. Wir rufen Sie auf«, sagt er.

Ich setze mich auf die Bank und warte, wie Savely mir geraten hat. Ich stelle fest, dass die Standortbestimmung meines Telefons den Akku schnell entleert. Ich schimpfe mit mir selbst, dass ich keine Powerbank gekauft habe, und hoffe insgeheim, dass der Akku bis zu meinem Treffen mit meinem Anwalt reicht.

Dann sind neben mir Schritte zu hören. Ein Mann in Zivilkleidung hält mir seinen Ausweis hin: »Sie können gehen...«

Ohne viele Fragen zu stellen, nehme ich meinen Koffer und eile zur Ankunftshalle...

»Großartig! Sie haben Sie gehen lassen«, ruft der Anwalt. Dmitri Sachwatow ist ein großer, imposanter Mann, jung, aber bereits ein bekannter Menschenrechtsverteidiger in Russland. Zu seinen Kunden gehören Mitglieder von Pussy Riot und eine Reihe von Bürgerrechtlern. Während ich in Deutschland war, erklärte er sich bereit, mir bei dem Rechtsstreit um meine Kinder zu helfen.

»Ha ha, warten Sie ab, es ist noch nicht aller Tage Abend«, spotte ich, »Sie denken, es ist so einfach. Es wird jetzt einige Provokationen geben ...«

Kaum habe ich das gesagt, werden wir von einem lästigen Reporter der Boulevardpresse aufgehalten:

»Wie ist es, in das Land zurückzukehren, aus dem Sie geflohen sind? Wie lebt man, wenn einen sowohl die Russen als auch die Ukrainer hassen?«, fragt er.

Ich wende mich von seiner Kamera ab und beschleunige meinen Schritt. Ich habe nicht die Absicht, provokative Fragen zu beantworten, denn ich wurde gezwungen in die Höhle des Feindes zurückzukehren. Alles, was ich jetzt sage, wird aus dem Zusammenhang gerissen und gegen mich verwendet. Der Reporter läuft uns hinterher und filmt das Geschehen mit seinem Handy. Er bleibt hartnäckig an uns dran. Wir springen ins Auto und verriegeln alle Türen.

»Ich hoffe, wir werden nicht verfolgt«, sagt mein Anwalt und schaut aufmerksam in den Rückspiegel, als unser Auto auf die Autobahn fährt. »Sie benutzen graue Autos zur Überwachung, einige unauffällige Ladas, Renaults, Chevrolets.«

Wir bemerken nichts Verdächtiges. Unter den Autos befinden sich einige mit dem ominösen Buchstaben Z (Symbol der Zustimmung zur russischen Invasion). An den Straßenrändern stehen Plakate mit Bildern von Männern in Militäruniformen und der Aufschrift »Stolz auf die Helden«. Nur die Gesichter dieser »Helden« geben überhaupt keinen Anlass zur Freude. Niemand empfängt sie in ihrer Heimat mit Blumen und Ehrungen.

Wir fahren zu mir nach Hause. In der Nachbarschaft weht die rote Flagge der UdSSR.

»Es sieht so aus, als hätte mein Nachbar beschlossen, mit Putin in die Zeit der Sowjetunion zurückzukehren.«

»Schau«, Dmitri zeigt auf ein anderes Haus. »Und dort hängt eine Piratenflagge.«

»Als ich Moskau verließ, gab es so etwas nicht. Offensichtlich will hier jemand damit zum Ausdruck bringen, dass er mit dem Geschehen nicht einverstanden ist. Es ist nicht verwunderlich, dass der Krieg die Familien auseinanderreißt. Es scheint, als hätten die Nachbarn aufgehört, miteinander zu kommunizieren.«

Dmitri seufzt zustimmend, holt meinen Koffer aus dem Kofferraum und fährt weg.

Ich gehe in den Hof und sehe meine Mutter.

»Oh, sie ist wieder da! Wer hätte das gedacht?«, sagt sie empört. »Warum hast du nichts gesagt, als Jugoslawien bombardiert wurde? Oder als die ukrainischen Nazis die Russen im Donbass ausrotteten?«

Meine Kehle ist wie zugeschnürt. Ich bin sehr müde und beschließe zu schweigen. Meine Mutter, die so alt ist wie Putin, ist wie Millionen von Russen von der Kreml-Propaganda zombifiziert. Von morgens bis abends hört sie Wladimir Solowjow zu, Putins Chefpropagandisten, der ihr ständig neue Interpretationen vorsetzt und sie lehrt, Ukrainer und Amerikaner zu hassen. Er ist die wichtigste Autorität für sie. Ich bin ein Niemand, eine »fünfte Kolonne«, die versucht, Russland zu zerstören. Meine Versuche, einem geliebten Menschen die Wahrheit zu vermitteln, sind erfolglos. Jedes Gespräch, das wir über Politik führen, endet unweigerlich in einem Streit.

Ich öffne die Tür ... Zwei schneeweiße Retriever hüpfen vor Freude, lecken mir die Wangen, winseln und wedeln mit den Schwänzen.

»Berry, ich habe dich auch vermisst«, kraule ich sie hinter dem Ohr. Und ich bin erstaunt, wie sehr ihr Welpe in den letzten zwei Monaten gewachsen ist.

Ich höre die Stimme meines Sohnes, die aus dem ersten Stock kommt: »Du hättest mich wenigstens vorwarnen können, dass du zurückkommst.«

»Wo liegt das Problem?«, frage ich beiläufig.

»Willst du denn gar nicht woanders wohnen, ich mache mir Sorgen um unsere Sicherheit. Warum suchst du dir keine andere Wohnung?«

Ich versuche meinem Sohn zu erklären, dass ich keine Kriminelle bin und mich vor niemandem verstecken werde. Ich habe mein eigenes Heim habe es satt, in Hotels und Wohnungen anderer Leute zu schlafen.

»Dann werde ich zu meinem Vater ziehen«, erklärt er.

»Nun, es ist deine Entscheidung«, stimme ich traurig zu, denn ich weiß genau, dass sich mein Sohn gegen mich gewandt hat, während ich weg war. Es wird einige Zeit dauern, bis sich wieder alles normalisiert hat.

Sofort nach dem Aufstehen gehe ich zum Gericht. Dort wird entschieden, bei wem die Kinder leben werden. In der Regel lassen die Gerichte in Russland die Kinder bei ihrer Mutter. Aber Ausnahmen bestätigen die Regel, wie es in meinem Fall zu sein scheint.

Vor dem Gerichtsgebäude drängen sich die Journalisten. Die Akte enthält jedoch keine Stellungnahme der Vormundschaftsbehörde. Dadurch verschiebt sich die Gerichtsverhandlung wurde um fast drei Monate verschoben.

Mein Ex-Mann will weder mit mir noch mit meinem Anwalt oder Journalisten sprechen. Und trotzdem versteckt er unsere Tochter vor mir. Er folgt eindeutig einem Befehl von oben. Ich kann keine andere Erklärung für sein Handeln finden. Er hat die ganze Macht und das Geld von RT auf seiner Seite. Ich weiß, dass ich einen ungleichen Kampf vor mir habe...

Ein, zwei Wochen vergehen... Wie eine wütende Tigerin streife ich durch das Haus, rufe meinen Sohn, Verwandte und Freunde an und bitte sie, mir zu helfen, meine Tochter zurückzuholen.

Auch Arisha bleibt nicht untätig, sie kämpft für ihre Freiheit. Zehnmal am Tag ruft sie ihren Vater bei der Arbeit an. Sie fordert, beharrt, fleht, weint, überredet und bettelt. Schließlich gibt er ihrem Druck nach. Ein paar Tage später steht sie vor meiner Haustür.

Unser Glück kennt keine Grenzen. Wir sitzen in der Küche, scherzen und lachen. Und wir hören nicht auf, uns gegenseitig zu erzählen, was wir durchgemacht haben...

In diesem Moment erhalte ich einen Anruf aus dem Innenministerium: »Sie haben uns die Unterlagen für den Reisepass Ihrer Tochter gegeben. Aber wir werden ihr keinen Pass ausstellen können. Es ist dem Kind verboten, ins Ausland zu reisen.«

»Ich werde sie nicht ins Ausland bringen, sondern nur ihre Papiere fertigstellen.«

»Nein, wir werden ihr keinen Reisepass ausstellen.«

»Dazu haben Sie kein Recht«, versuche ich zu widersprechen. »Ich werde Berufung einlegen. Der andere Elternteil darf in seinen Rechten nicht eingeschränkt werden, wenn er im Interesse des Kindes handelt.«

Ich höre gedämpftes Lachen am anderen Ende der Leitung. Und sogleich werde ich auf den Boden der Tatsachen zurückgeholt. Es gibt keine Gerechtigkeit in Russland. Insbesondere für diejenigen, die es wagen, sich gegen einen verbrecherischen Krieg auszusprechen.

»Dem Moskauer Stadtverordneten Alexej Gorinow drohen zehn Jahre Gefängnis«, habe ich heute Morgen in den Nachrichten gelesen.

Der Politiker ist verhaftet worden, weil er in einer Sitzung des Abgeordnetenrats vorgeschlagen hat, keinen Malwettbewerb für Kinder zu veranstalten, sondern der Opfer des Krieges in der Ukraine zu gedenken. Die »Untersuchung« des Falles dauerte nur fünf Tage, und das Verfahren wurde sofort unter Ausschluss der Öffentlichkeit gestellt.

Ohne eine Sekunde zu zögern, gehe ich zum Meschtschanski-Gerichtsgebäude, um Alexej zu unterstützen. Draußen stehen viele seiner Anhänger. Niemandem ist es erlaubt, das Gebäude zu betreten. Die Zuschauer verfolgen das Geschehen im Gerichtssaal über einen Liveticker.

In der Menge erkenne ich einen jungen Journalisten, Slawa Tichonow, der vom Fernsehsender Moskau 24 entlassen wurde, weil er Autofahrer live im Fernsehen aufgefordert hatte, nicht den Buchstaben Z auf die Heckscheiben von Autos zu kleben.

»Ich habe in den letzten Monaten mit dem Politiker Ilja Jaschin zusammengearbeitet«, erklärt Slawa. »Aber vor ein paar Tagen wurde auch er für fünfzehn Tage festgenommen, angeblich wegen Ungehorsams gegenüber der Polizei. Höchstwahrscheinlich wird auch er strafrechtlich verfolgt werden.«

Menschen, die den Abgeordneten unterstützen, kommen auf uns zu.

»Anja«, stellt sich eine kleine junge Frau mit dunklem, lockigem Haar vor. »Ich habe grüne Bänder, die den Frieden symbolisieren, in Moskau aufgehängt und Aufkleber mit der Aufschrift ›Nein zum Krieg‹ angebracht. Ich mache das sehr vorsichtig, damit ich nicht erwischt werde und ins Gefängnis komme wie Sascha Skotchilenko, der die Preisschilder im Supermarkt durch Anti-Kriegs-Flugblätter ersetzt hat.«

Sechs Monate später brechen die Sicherheitskräfte in Anjas Wohnung ein und sie wird gezwungen sein, nach Kasachstan zu fliehen.

»Dmitri«, stellt sich ihr Begleiter vor, ein großer, schlanker Mann mittleren Alters. »Ich bin Neurochirurg. Ich bin hier, um Alexej Gorinow zu unterstützen.«

»Haben Sie keine Angst, dass Sie entlassen werden?«, frage ich. »Sie arbeiten doch in einer öffentlichen Einrichtung, oder?«

»Ich pfeife darauf! Ich bin kein Sklave, ich bin ein freier Mann«, antwortet er stolz. »Ich komme eigentlich von der Krim. Als Russland 2014 die Halbinsel eroberte, war klar, wie das Ganze enden würde.«

Nicht weit von uns entfernt steht eine ältere Frau mit kurzen grauen Haaren. Sie ist mit einer bestickten Weste bekleidet und trägt eine Leinentasche auf der Schulter, auf der »Nein zum Krieg« steht.

»Ich bin Moskauerin mit ukrainischen Wurzeln«, erklärt sie. »Es ist gefährlich, in Moskau mit einem Schild mit der Aufschrift ›Nein zum Krieg‹ herumzulaufen!«

Gleich am nächsten Tag wird sie von der Polizei aufgegriffen und in einen Polizeiwagen gedrängt. Dutzende von Menschen werden sich für sie einsetzen. Sie werden die mutige Frau buchstäblich aus den Fängen der Polizei reißen.

Während wir draußen stehen, wird im Gerichtsgebäude gegen Alexej Gorinow ein absurdes Urteil verlesen: »Motiviert durch politischen Hass … hat er seine offizielle Position schändlich ausgenutzt und wissentlich falsche Informationen über die Aktivitäten der russischen Streitkräfte verbreitet.«

Der Angeklagte plädiert auf nicht schuldig. Er steht in einer Glaskabine und hält einen Zettel in der Hand mit der Aufschrift: »Brauchen Sie diesen Krieg noch?«

»Sieben Jahre Gefängnis«, verkündet der Richter. Gorinows Frau wird im Gerichtssaal hysterisch.

Abends zu Hause weiß ich nicht wohin mit meiner ohnmächtigen Wut. Wie Millionen von Menschen in Russland bin ich fassungslos über die neue Realität. Gerade haben die Behörden rücksichtslos und brutal einem unschuldigen Mann sieben Jahre seines Lebens genommen. Er ist nicht mehr jung, und das Gefängnis könnte ihn umbringen.

Es ist die erste echte Gefängnisstrafe nach dem neuen Strafrechtsartikel über Fake News. Je mehr Russland in diesem Krieg verliert, desto härter wird die politische Unterdrückung.

Später wird ein Strafverfahren gegen den Oppositionspolitiker Ilja Jaschin eingeleitet, einem langjährigen und konsequenten Kritiker von Wladimir Putin. Vom ersten Tag an hat sich Ilja gegen den Krieg ausgesprochen und den Russen von den Gräueltaten der russischen Soldaten in Butscha, Irpen und Mariupol erzählt. Trotz zahlreicher Drohungen hat er sich geweigert, Russland zu verlassen, weil er sich ernsthaft Sorgen um die Zukunft seines Landes macht. Hier ist, was Ilja in einer seiner letzten Sendungen gesagt hat:

»Welches Wort Putin und sein Gefolge auch immer benutzen, um diese Ereignisse schändlich zu verschleiern, es als Sondereinsatz oder mit anderen Synonymen zu bezeichnen … Entnazifizierung, Entmilitarisierung … dieser Krieg, es war vom ersten Augenblick an klar, dass es sich um einen Krieg handelt … Millionen von Menschen fliehen aus ihren Häusern in der Hoffnung, ihr Leben zu retten. Ein Meer von Blut, ein Meer von Tränen und leider ist kein Ende in Sicht.«

Dutzende Anhänger von Ilja Jaschin kommen zum Basmanny-Gericht, als der Politiker verurteilt wird. In der Menge gibt es viele bekannte Gesichter.

»Warum sind Sie gekommen, um Ilja Jaschin zu unterstützen?«, fragt eine junge Journalistin.

»Ilja Jaschin ist einer der ehrgeizigsten, jüngsten und intelligentesten Politiker Russlands. Leute wie Ilja Jaschin sind die Zukunft. Deshalb bin ich hier, denn er braucht jetzt unsere Unterstützung. Ich halte diesen Krieg für das schlimmste Verbrechen des 21. Jahrhunderts. Ich bin der festen Überzeugung, dass die Verbrecher, die den Krieg begonnen haben, am Ende auf der Anklagebank des Internationalen Strafgerichtshofs sitzen werden, und was sie jetzt in der Ukraine tun, ist Wahnsinn, es ist ein wahnsinniger Versuch, die Macht in ihren Händen zu behalten.«

Ich sehe meine Bekannten Anya und Dmitri, die vor ein paar Tagen gekommen sind, um Alexej Gorinow vor dem Meschtschanski-Gerichtsgebäude zu unterstützen.

»Warum reden Sie so offen? Die Menge ist voll von Mitarbeitern des E-Zentrums«, wundert sich Anna.

»Wer sind sie?«

»Wissen Sie das nicht? Es handelt sich um Beamte des Zentrums für Extremismusbekämpfung, der sogenannten politischen Polizei.«

In diesem Moment taucht ein kleiner junger Mann aus der Menge auf. Er stellt sich als Journalist vor und beginnt, provokante Fragen zu stellen. Ich verweigere die Antwort.

»Wussten Sie, dass gegen Sie ein Verwaltungsverfahren wegen Verunglimpfung der Armee eingeleitet wurde?«, fragt er in einem merkwürdigen Tonfall und verschwindet, ohne eine Antwort abzuwarten, in der Menge.

Was soll das bedeuten? Ich rufe sofort meinen Anwalt an.

Dmitri Sachwatow prüft die Informationen schnell nach. In der Tat wurde der Fall wegen meines Beitrags in den Sozialen Medien, den ich zum Russlandtag veröffentlicht habe, vor Gericht gebracht. Darin schrieb ich: »Ich habe keinen Grund, stolz auf mein Land zu sein. Ein Russe zu sein, ist heute ein schändliches Stigma. Russland hat im Schutze der Nacht einen unabhängigen Staat heimtückisch angegriffen und vernichtet das ukrainische Volk. Es dringt in fremde Territorien ein, anstatt seine eigenen zu fördern.«

In der Nähe des Basmanny-Gerichts verfrachtet die Polizei aktive Anhänger von Ilja Jaschin in Polizeifahrzeuge und bringt sie schnell weg.

»Machen Sie den Bürgersteig frei«, schreit der Polizist ins Megaphon und versucht, die Menge zu zerstreuen.

»Freiheit! Freiheit!« skandiert die Menge, als Ilja Jaschin aus dem Gebäude gebracht wird und in einen Polizeiwagen steigt.

Einige Monate später verurteilt das Gericht den Politiker zu achteinhalb Jahren Gefängnis.

20. Festnahme

»Berry, Berry, lass uns spazieren gehen«, rufe ich meinem Hund zu.

Zusammen mit dem Welpen läuft sie auf mich zu und wedelt fröhlich mit dem Schwanz.

Nachdem ich meine Shorts und Turnschuhe angezogen habe, mache ich einen Spaziergang im nahegelegenen Wald.

Auf dem Weg aus der Siedlung heraus treffe ich einen Nachbarn.

»Hallo, wie geht es Ihnen?«, fragt er, als er mit seinem Fahrrad auf mich zufährt.

Artur* (Name geändert) stammt aus Zentralasien, lebt aber schon seit langem in Moskau. Ich traf ihn nach meinem Protest im Live-Fernsehen. Zu einer Zeit, als sich einige meiner Freunde und Bekannten abrupt von mir abgewandt hatten, bot Artur mir seine Hilfe an. Vor dem Krieg handelte er an der New Yorker Börse, doch unmittelbar nach Verhängung der Sanktionen brach sein Geschäft zusammen. Artur war mit Nawalnys Mitarbeitern befreundet, und auf seinen Messenger-Profilbild war zu lesen: »Russland wird frei sein!«

»Besser geht's nicht«, antworte ich.

Wir gehen gemeinsam aus dem Siedlungstor hinaus. Zwei Polizisten rennen auf mich zu.

»Kommen Sie mit«, sagt einer von ihnen und deutet auf einen weißen Polizeiwagen.

»Was ist passiert?« frage ich überrascht.

»Alle Fragen werden später beantwortet.«

Ein Mann in Zivil steigt aus dem Kleinbus und kommt mir entgegen.

»Haben Sie einen Reisepass?«, fragt er streng.

Sein Gesicht ist von einer schwarzen Maske verdeckt, auf dem Kopf trägt er eine dunkle Kappe. Er starrt mich mit einem strengen Blick an. Später finde ich heraus, dass es sich um einen Mitarbeiter des E-Zentrums handelt, der mich die ganze Zeit über verfolgt hat.

»Nein, natürlich nicht. Ich gehe nicht mit Pass mit den Hunden spazieren. Kann ich ihn holen, mich umziehen und die Hunde mitnehmen?«

»Nein, Sie sind verhaftet.«

»Kann ich ihren Reisepass bringen?«, fragt Artur.

»Bringen Sie ihn.«

»Artur«, sage ich zu meinem Nachbarn, »das Haus ist offen, Mama gießt die Blumen auf dem Grundstück. Mein Reisepass liegt in einer weißen Tasche im Flur auf der Kommode. Außerdem gibt es ein Blatt mit allen wichtigen Telefonnummern. Kristina ist an erster Stelle aufgeführt, rufen Sie sie an. Sie kennt jeden: meinen Anwalt und alle meine Freunde. Und bitte nehmen Sie die Hunde mit nach Hause.«

Berry, die die Trennung spürt, beginnt zu winseln. Sie kann nicht verstehen, warum sie mit einem Fremden nach Hause gehen soll.

»Geh nach Hause, Berry, ich bin gleich wieder da«, flüstere ich ihr ins Ohr.

Berry und ihr Welpe folgen Artur zögernd zum Haus.

»Steigen Sie ins Auto, schalten Sie Ihr Telefon aus und legen Sie es auf den Tisch«, befiehlt der Mann.

Ich tue, was er sagt. Das zweite Telefon wird von der Polizei nicht bemerkt, es ist noch immer in meiner Tasche. Nach einer Weile bringt mein Nachbar meinen Reisepass. Das Polizeiauto fährt auf die Autobahn und in Richtung Zentrum. Ein Beamter sitzt vorne, zwei Polizisten sitzen mir auf der Rückbank gegenüber und beobachten mich die ganz Zeit.

An der hellen Gardine des Autos hängen zwei Plaketten. Auf der einen ist ein Porträt des ermordeten Politikers Boris Nemzow zu sehen, auf der anderen die Aufschrift »Nein zum Krieg!«

»Komisch, Sie haben mich wegen meiner Antikriegshaltung verhaftet und haben ein ›No War!‹-Abzeichen in Ihrem Auto hängen«, bemerke ich erstaunt.

»Das haben wir bei den Festgenommenen beschlagnahmt«, antwortet der Polizist trocken.

Seit zwei Stunden kurvt unser Auto nun schon durch die Straßen der Stadt.

»Wo bringen Sie mich hin? Kann ich meinen Anwalt anrufen?«

»Nein«, antwortet der maskierte Mann scharf. »Warum mögen Sie Ihr Heimatland nicht?«

»Ich liebe mein Heimatland, es ist nur so, dass Kriminelle die Macht an sich gerissen haben«, pariere ich.

»Sie sind der Verbrecher. Leute wie Sie sollten im Gefängnis sitzen. Sie machen unser Land kaputt. Die Ukraine darf der NATO nicht beitreten, sonst wird das Bündnis an unseren Grenzen stehen.«

»Wenn Sie gegen die NATO kämpfen, haben Sie bereits verloren. Schweden und Finnland, die bis jetzt neutral waren, sind wegen des Krieges der NATO beigetreten. Russland hat nun eine große gemeinsame Grenze mit dem Nordatlantischen Bündnis.«

»Es klingt, als ob Sie für die CIA und die NATO arbeiten.«

»Mir wurde schon vieles vorgeworfen. Ich habe lediglich meinen staatsbürgerlichen Standpunkt zum Ausdruck gebracht. Sie haben die gesamte Bevölkerung Russlands eingeschüchtert, die Menschen haben so viel Angst vor Ihnen, dass sie sich wie Sklaven verhalten. Warum verstecken Sie Ihr Gesicht unter einer Maske? Schämen Sie sich für Ihre Arbeit? Sie haben es auf dem Gewissen, dass Hunderte von unschuldigen Menschen gefoltert wurden ...«

Der Agent beginnt mich zu beschimpfen, psychologischen Druck auszuüben und beschuldigt mich, für westliche Geheimdienste zu arbeiten.

Ich habe einen weiteren nervösen Hustenanfall. Ich wende mich wieder dem Fenster zu und halte den Mund. Ich habe keine Lust auf einen sinnlosen Dialog mit dem Kettenhund und treuen Wächter von Putins verbrecherischem Regime.

Der Wagen hält vor einer kleinen zweistöckigen Polizeistation. Ich werde ins Innere des Gebäudes geführt.

»Ich muss auf die Toilette«, sage ich und gehe zielstrebig auf die Tür mit dem Zeichen ›F‹ zu.

Einer der Polizisten stürmt hinter mir her. In der Kabine hole ich mein zweites Telefon heraus und tippe schnell eine Nachricht an meinen Anwalt. Er sucht in ganz Moskau nach mir. Vor lauter Aufregung rutschen meine Finger über den Touchscreen und ich vertippe mich. Trotzdem drücke ich schnell auf »Senden«.

Nur wenige Minuten später eilt Dmitri Sachwatow zur Polizeiwache: »Man hat Sie aufgrund einer Verwaltungsvorschrift wegen Diskreditierung der Armee angeklagt. Insbesondere das Interview, das Sie Journalisten vor dem Basmanny-Gerichtsgebäude gegeben haben, als der Prozess gegen Jaschin stattfand, hat ihnen nicht gefallen«, präzisiert der Anwalt.

»Es ist klar, dass dies der zweite Fall ist, in dem die Behörden einen verfassungswidrigen Artikel anwenden. Sie versuchen, mich zum Schweigen zu bringen.«

Ich gehe mit meinem Anwalt nach draußen. Es nieselt. Das Telefon des Anwalts klingelt ununterbrochen wegen Anrufen von Journalisten.

»Wollen Sie irgendetwas sagen?«, fragt Dmitri.

»Nein, die Verhaftung kam so überraschend. Ehrlich gesagt, ich bin nervös, mir ist kalt und ich bin sehr müde. Rufen Sie mir bitte ein Taxi.«

Mitten in der Nacht, als alle schon schlafen, komme ich nach Hause.

In wenigen Tagen werden mich die russischen Gerichte in zwei Verwaltungsverfahren schuldig sprechen. Und sie werden hohe Geldstrafen verhängen, weil ich mit meinen Worten angeblich die russische Armee diskreditiert habe.

Am Abend sitzen meine Tochter und ich in der Küche. Ihre Sommerferien neigen sich dem Ende zu. In diesem Jahr konnten wir zum ersten Mal nicht ans Meer fahren. Alle unsere Pläne für den Sommer wurden durch den Krieg zunichte gemacht. Aber die meisten meiner ehemaligen Fernsehkollegen tun weiterhin so, als ob nichts geschehen wäre. Ich öffne die Sozialen Medien und sehe ihre glücklichen Gesichter, wie sie irgendwo in den Vereinigten Arabischen Emiraten oder auf den Malediven ihren Urlaub genießen. Ich bin erstaunt über den Zynismus der Menschen. Es scheint, als ob das Leben eines normalen Menschen in vor und nach dem Kriegsbeginn unterteilt werden sollte.

Die Stimme meiner Tochter unterbricht meine Überlegungen: »Lass uns Pizza zum Abendessen machen.«

»Gute Idee«, sage ich und schaue in den Kühlschrank. »Es gibt auch Tomaten, Wurst, Käse und Oliven.«

Berry kommt zum Tisch, wedelt mit dem Schwanz und sieht mir in die Augen. Ich schneide ein Stück Wurst ab und gebe es ihr. Sie schluckt es sofort hinunter.

Ich schneide die Tomaten, meine Tochter streut sie auf den Teig. Nach all den Prüfungen, die uns widerfahren sind, sind wir endlich zusammen ...

Unterdessen beschießen russische Truppen Winnyzja. Eine der Granaten schlägt im Stadtzentrum ein. Mehr als zwanzig

Zivilisten werden getötet, darunter die vierjährige Liza, ein kleiner Sonnenschein. Ihr winziger Körper wird von einer Granate direkt im Kinderwagen zerrissen und das Bein ihrer Mutter wird weggesprengt.

Am Abend lese ich in den Nachrichten von der Tragödie, und alles in mir bebt ...

Ich werde von einem Gefühl der Hilflosigkeit und Verzweiflung überwältigt. Könnte man doch dieses kleine Mädchen zu seiner Mutter zurückbringen!

Am nächsten Tag beschließe ich, eine Solo-Aktion zu unternehmen.

»Geh nicht, geh nicht, sie werden dich verhaften«, schreit Kristina in das Telefon.

»Sie dürfen Kinder töten, und ich soll nicht einmal auf eine Mahnwache gehen dürfen?«, schreie ich ebenfalls zurück.

»Schweigen ist Mittäterschaft an Verbrechen. Einzelne Streikposten sind in Russland nicht verboten.«

»Nun, ich weiß, dass du dich nicht überreden lässt. Ich werde mit dir gehen.«

Kristina ist in Moskau. Sie ist mit ihren Freundinnen aus Samara eingeflogen und hat einen außerplanmäßigen Urlaub genommen. Das große Logistikunternehmen, für das sie arbeitet, steht wegen der Sanktionen kurz vor dem Konkurs. Es gibt so gut wie keine Aufträge.

»Wenn du in Moskau bist, kommst du zu mir«, schlage ich vor.

Nur eine Stunde später steht eine mittelgroße, zierliche, hübsche junge Frau mit glattem blondem Haar und einer runden Brille vor meiner Tür. Es ist das erste Mal, dass wir uns im wirklichen Leben und nicht auf einem Smartphone-Display sehen. Meine Tochter entwickelt auf den ersten Blick eine besondere Zuneigung zu Kristina.

Am nächsten Tag steige ich zusammen mit Kristina in ein Taxi, damit die Überwachungskameras uns nicht so leicht verfolgen können, und wir lassen uns zum Kreml bringen. Am Sofioter Ufer entfalte ich ein Transparent mit Bildern von Kindern, die in der Ukraine getötet wurden. Einzelne Passanten schauen auf das Plakat: »Putin ist ein Mörder! Seine Soldaten sind Faschisten! 352 Kinder sind gestorben. Wie viele Kinder müssen noch sterben, bevor ihr aufhört?«

Zu meinen Füßen liegen blutige Puppen...

Fünfzehn Minuten vergehen. Mehrere Polizisten gehen über die Nemzow-Brücke in unsere Richtung.

»Lass uns hier verschwinden, das Risiko können wir nicht eingehen«, sorgt sich Kristina.

Sie ruft ein Taxi. Ein paar Minuten später hält ein gelber Kia vor uns an. Ich springe ins Auto und wähle die Nummer meines Anwalts. Mit aufgeregter Stimme erkläre ich, was hier vor sich geht.

»Kommen Sie schnell zu mir nach Hause«, sagt Dmitri ohne zu zögern.

Zusammen mit Kristina platzen wir in seine kleine Wohnung.

»Donnerwetter«, sagt Dmitri bewundernd. »Sie sind wirklich etwas Besonderes! Das ist heutzutage sehr mutig.«

Wir bleiben noch ein paar Stunden bei dem Anwalt und seiner Familie. Gegen Mitternacht schlage ich Dmitri vor: »Lass Kristina und mich zu mir nach Hause gehen. Wenn mir etwas zustößt, wird Kristina Sie anrufen.«

»Gut. Und verlassen Sie die Siedlung nicht mehr!«, mahnt mich Dmitri zum Abschied.

Zwei Tage später bemerke ich, dass ich observiert werde. Vor den Toren der Siedlung sitzen zwei Männer in einem grauen Lada.

Ich rufe meinen Anwalt an: »Da steht ein verdächtiges graues Auto vor dem Tor. Können Sie das überprüfen?«

Ich diktiere die Nummer. Nach ein paar Minuten ruft Dmitri zurück.

»Ja, sie werden überwacht.«

Ich gehe auf den Wachmann unserer Siedlung zu, der in einem kleinen Eisenverschlag in der Nähe der Schranke sitzt: »Wissen Sie, was es mit dem verdächtigen Fahrzeug hinter dem Tor auf sich hat?«

»Sie stehen jetzt schon seit zwei Tagen hier ... die Autos wechseln ständig. Sie beobachten Sie, Marina Wladimirowna«, grinst der Wachmann. »Ich habe sie angesprochen und gefragt.«

In diesem Moment kommt erneut ein Anruf meines Anwalts: »Wollen Sie mal lachen? Die Mutter eines meiner Klienten ist, als er unter Beobachtung stand, zu diesen Leuten gegangen und hat ihnen Essen gebracht.«

»Ha ha, ich kann diesen Typen nur Kakerlakengiftkuchen bringen«, scherze ich bitter. »Ich muss morgen ins Zentrum von Moskau fahren, ich habe ein Treffen mit deutschen Journalisten vereinbart.«

»Seien Sie vorsichtig. Wenn etwas passiert, rufen Sie sofort an.«

Am Morgen rufe ich ein Taxi und lasse mich zur U-Bahn fahren. Als wir die Siedlung verlassen, kommt ein grauer Geländewagen mit schlammverschmierten Nummernschildern hinter den Garagen hervor und »beschattet« uns. Das Taxi hält in der Nähe der U-Bahn, ebenso der Geländewagen. Ich steige in die U-Bahn, der Beifahrer aus dem SUV folgt mir.

Ich setze mich und beginne ein Buch zu lesen. Ich spüre körperlich die Anwesenheit eines Fremden neben mir, der mich anstarrt.

Denke nicht an ihn, sage ich mir. Ich werde nichts Falsches tun, ich warte einfach ab, was er tut.

»Nächster Halt Park der Kultur!«, wird über den Lautsprecher angekündigt.

Ich steige aus und gehe zur Rolltreppe um umzusteigen. Spontan schaue ich mich um und sehe einen unauffällig grau gekleideten Mann, der mir in nur wenigen Metern Entfernung folgt. Da mir unwohl ist, drehe ich abrupt vor der Rolltreppe um und gehe durch die Menschenmenge zurück in die andere Richtung. Der Mann hat keine Zeit zu reagieren, der Menschenstrom reißt ihn mit und trägt ihn die Rolltreppe hinauf. Er wirft mir einen langen Blick zu.

Ich habe mich von der offensichtlichen Überwachung gelöst, aber es ist zu früh, um mich zu freuen, denn jetzt werden sie mich mit Kameras verfolgen. In Moskau wird seit einigen Jahren ein hochmodernes Gesichtserkennungssystem namens Sphere eingesetzt.

Mit Hilfe dieses Systems konnte die Polizei Leonid Gosman, einen langjährigen Gegner Putins, in der Metro aufspüren und festnehmen. Zunächst wurde der Oppositionelle wegen seiner nicht gemeldeten doppelten Staatsbürgerschaft angeklagt. Dann gab es zwei weitere Verfahren wegen Beiträgen in Sozialen Medien. Gosman wurde dreißig Tage lang in einem speziellen Gefängnis festgehalten, bevor er Russland verließ.

Ich verlasse die Metro und laufe den Damm entlang in Richtung Nemzow-Brücke, zu der Stelle, an der ich alleine mit meinem Plakat protestiert habe. Dort wartet bereits ein Filmteam aus Deutschland auf mich. Wir beginnen mit der Aufzeichnung des Interviews. Sofort erscheint eine Gruppe von Polizisten in unserer Nähe.

»Die beobachten Sie«, sagt der deutsche Reporter.

»Sollen sie es doch tun, ich habe nichts zu verbergen. Man will mich auf diese Weise psychologisch unter Druck setzen.«

Die Polizeibeamten kommen schnurstracks auf uns zu und beginnen, unsere Dokumente zu kontrollieren. Nachdem sie die Daten meiner Begleiter notiert haben, verschwinden sie unauffällig ...

21. Eine Nacht im Knast

In der Stille der Morgendämmerung bellt Berry im Erdge-schoss des Hauses lautstark. Ich springe aus dem Bett.

»Berry, was ist los?«

Der Hund hört nicht auf zu bellen. Ich ziehe den schweren Vorhang zurück und schaue aus dem Fenster. Etwa ein Dut-zend Männer in blauer Tarnkleidung steht vor meinem Zaun. Mehrere Männer in Zivil gehen schnell in Richtung Haustür. Alles in mir zerbricht ...

»Machen Sie auf«, ruft jemand, und es klopft lautstark an der Tür.

Ich ziehe meine Hose und mein T-Shirt an und renne die Treppe hinunter. Kristina lugt aus dem Nebenzimmer hervor, ihr Haar ist vom Schlaf zerzaust, sie hat eine schwarze Schlaf-maske auf der Stirn. Ihr Urlaub neigt sich dem Ende zu; in drei Tagen muss sie zurück nach Samara reisen.

»Schnell, ruf meinen Anwalt an«, sage ich ihr. »Frag ihn, was wir tun sollen. Ich habe Angst, dass sie ins Haus platzen und Arisha erschrecken.« Meine Tochter schläft tief und fest in ihrem Zimmer hört die lauten Geräusche nicht.

Jemand schlägt unten mit der Faust gegen die Tür:

»Aufmachen! Sofort ... Wir haben einen Durchsuchungs-befehl.«

»Kann ich meinen Anwalt anrufen?«, rufe ich.

»Wenn Sie nicht sofort öffnen, bohren wir die Schlösser auf«, antwortet eine schroffe Männerstimme.

Ich schaue durch das Guckloch der Tür. Davor steht ein Mann, der als EMERCOM-Beamter gekleidet ist (Ministerium für Notfallsituationen).

Schnell öffne ich die Tür und die Beamten stürmen in das Haus. Unter ihnen erkenne ich den Mitarbeiter des E-Zentrums, der mich überwacht hatte. Er verbirgt sein Gesicht immer noch unter einer schwarzen Maske.

»Bitte erschrecken Sie meine Tochter nicht! Sie schläft noch!«

»Sie werden nach Paragraf 207, 3 Absatz 2 wegen der Verbreitung wissentlich falscher Informationen über die russische Armee durchsucht«, sagt ein junger Mann in einem grauen Anzug. »Ich bin ein Ermittler für besonders wichtige Fälle des Untersuchungsausschusses. Machen Sie weiter!«

Der letzte Satz, oder besser gesagt, der Befehl, ist an zwei Männer in Zivil gerichtet. Wie hungrige Bluthunde beginnen sie, den Inhalt aller Schränke zu inspizieren.

»Warum warten Sie nicht auf den Anwalt? Er wird in einer Stunde hier sein«, fragt Kristina und kommt aus dem ersten Stock herunter.

»Wir werden auf niemanden warten«, antwortet der Ermittler entschlossen.

»Wonach suchen Sie? Vielleicht kann ich Ihnen helfen?«, frage ich vorsichtig.

»Wir brauchen alle Ihre Geräte«, antwortet der Beamte.

»Hier ist mein Handy« – ich gebe ihnen freiwillig mein altes Samsung.

»Was ist das für ein iPhone?«, will der Agent wissen und schaut auf mein iPhone, das auf dem Nachttisch liegt.

Ich tue, als hätte ich nichts gehört. Kristina rettet mich und springt nach vorne:

»Das ist mein iPhone!«

»Geben Sie den Code ein«, fordert der Beamte sie misstrauisch auf.

Kristina gibt ihn ein, da sie meine Passwörter für Telefon und Soziale Medien, die ich selbst regelmäßig vergesse, alle kennt.

»In Ordnung«, sagt der maskierte Mann zweifelnd. »Behalten Sie es.«

Wir lächeln uns verstohlen an. Es ist ein Wunder, dass Kristina es geschafft hat, mein iPhone zu retten. Wir wissen genau, dass alle Geräte, die in die Hände der Polizei fallen, für immer verloren sind. Es ist unmöglich, sie zurückzubekommen.

Mittlerweile dauert die Durchsuchung schon über eine Stunde. Ich gehe leise in das Zimmer meiner Tochter, sie sitzt auf dem Bett und weint.

»Warum weinst du? Wir werden durchsucht. Aber keine Sorge, sie werden noch nicht in dein Zimmer gehen.«

»Ich habe keine Angst. Kirill hat mich gerade angerufen und gesagt, dass er mich zu Papa bringen will. Ich will nicht zu Papa«, jammert Arisha durch ihre Tränen und schluchzt: »Mama, ich will hier bei dir und Kristina sein.«

»Nicht weinen, es wird alles gut«, beruhige ich sie.

Eine Stunde später steht mein Sohn vor der Tür.

»Was ist denn hier los?«

»Durchsuchung. Und das weißt du doch schon aus dem Internet, deshalb hat Papa dich ja hierher geschickt.«

»Arisha, komm mit mir«, sagt er streng zu seiner Schwester. »Kinder haben hier nichts zu suchen.«

»Ich will nicht!«, schluchzt meine Tochter.

Abrupt nimmt er ihre Hand und führt sie zur Tür. Ich schaue ihnen traurig hinterher. Der Krieg hat Millionen von Familien zerstört, nicht nur in der Ukraine, sondern auch in Russland. Menschen, die sich nahe stehen, können seit Monaten nicht mehr miteinander sprechen.

»Kirjuscha, es ist alles in Ordnung«, versuche ich, ein Gespräch mit meinem Sohn anzufangen, obwohl ich weiß, dass es kein guter Zeitpunkt dafür ist. »Die Polizisten werden jetzt verschwinden, und alles wird so sein wie vorher. Du solltest hier bei deiner Schwester bleiben.«

»Nein, es wird nichts mehr so sein wie früher«, sagt er abweisend und geht mit Arisha zur Tür hinaus.

Nach sieben Stunden Durchsuchung bemerkt einer der Polizisten den Eingang zum Dachboden. Ich erkläre ihnen, dass ich dort alte Sachen von meinem letzten Auszug aufbewahre. Sie klettern hinauf.

Einer der Beamten findet dort einen alten Computer und nimmt ihn mit nach unten. Nach einer Bestandsaufnahme der beschlagnahmten Ausrüstung fordert mich der Ermittler auf, ins Auto zu steigen:

»Fahren wir zur Untersuchungskommission.«

»Kann ich mitfahren?«, fragt Kristina ängstlich.

Der Ermittler nickt.

Wir sitzen auf den Rücksitzen des Autos.

»Gib mir das Telefon«, flüstere ich.

Kristina reicht mir unbemerkt das gerettete iPhone. Ich öffne die Sozialen Medien und verfasse schnell eine Nachricht über meine Verhaftung.

»Das ging aber schnell«, sagt der Schwarzmaskierte, der mit uns im Auto unterwegs ist, vorwurfsvoll.

Er hat die ganze Zeit meine Sozialen Medien überwacht und nun gemerkt, dass ich einen Fehler gemacht habe.

»Steigen Sie aus dem Auto«, sagt er scharf zu Kristina.

Sie ist gezwungen, sich zu fügen.

Das Polizeiauto fährt auf das Gelände der Untersuchungskommission. Dort treffe ich meinen Anwalt Dmitri Sachwatow. Zusammen mit dem Ermittler und einem Beamten der politischen Polizei gehen wir in den fünften Stock.

Das Verhör dauert mehrere Stunden.

»Wenn Sie die Fragen nicht beantworten wollen, können Sie sich auf Artikel 51 der Verfassung berufen«, rät mir der Anwalt.

»Ich weiß, aber ich leugne nicht, dass ich auf dem Sofioter Damm protestiert habe.«

»Wissen Sie«, sage ich zu dem Ermittler, »ich habe geweint, als ich Bilder von Kindern, die in der Ukraine getötet wurden, auf das Plakat klebte. Für den Rest meines Lebens werde ich mich an ein Interview mit Sergej erinnern, das ich in den ersten Tagen des Krieges zufällig auf CNN gesehen habe. Er erzählte dem Moderator, dass er in Irpen seine gesamte Familie verloren hat, seine Frau und zwei Kinder. Der CNN-Moderator weinte im Bild, ich schluchzte hinter den Kulissen. Sein Sohn und seine Tochter waren im gleichen Alter wie meine ... Haben Sie Familie? Können Sie sich vorstellen, in Sergejs Schuhen zu stecken ...?«

Der Ermittler senkt seinen Blick. Es herrscht eine bedrückende Stille im Büro. Selbst der zynische Beamte aus dem E-Zentrum und die beiden Polizisten, die in der Ecke des Büros sitzen, schweigen mürrisch.

Nach dem Verhör bringen mich die Agenten in den Hof des Untersuchungsausschusses. Ein Gefangenentransportwagen fährt vor. Meine Hände sind mit Handschellen gefesselt.

»Sie werden Sie in das Haftzentrum in Petrowka bringen«, ruft mir der Anwalt zu.

Die Tür knallt zu. Ich bin allein in dem winzigen Käfig. Ich lasse mich auf die Bank sinken und starre mit glasigem Blick aus dem kleinen, vergitterten Fenster. Nach einer halben Stunde hält der Wagen vor der Haftanstalt an.

Die junge Aufseherin, die an diesem Abend Dienst hat, kommt mir entgegen. Sie schaut mich, den neuen Häftling, überrascht an. Mein weißer Hosenanzug steht in deutlichem Kontrast zur Gefängniskleidung.

»Ich kann nicht von den Regeln abweichen. Wir haben hier ein Standardverfahren«, sagt sie kurz angebunden, als ob sie sich entschuldigen würde.

Sie führt mich schnell in einen Eisenkäfig und sperrt mich ein.

Als mir die Handschellen abgenommen werden, befiehlt sie: »Legen Sie Ihren gesamten Schmuck, Ohrringe und Ringe ab und ziehen Sie sich aus, ich muss Sie durchsuchen.«

Nachdem sie mich der demütigenden Prozedur unterzogen hat, beginnt sie, meine Sachen in der Tasche zu durchsuchen.

»Das können Sie nicht behalten, das können Sie auch nicht behalten«, bemerkt sie und legt den Inhalt meiner Schminktasche beiseite.

Nachdem sie meine Tasche geleert hat, befiehlt die junge Frau: »Raus! Rechts, mit dem Gesicht zur Wand, jetzt links und die Treppe hoch. Anhalten, umdrehen und mit dem Gesicht zur Wand!«

Die dicke Eisentür schwingt mit einem dumpfen Schlag auf. Ich trete ins Ungewisse. Es ist niemand in der Zelle. Der starke Geruch von Urin steigt mir in die Nase. Hinter einer kleinen Trennwand in der Ecke des Raums befindet sich eine Toilette und daneben ein kleines Waschbecken. Die Wände des Zimmers sind dunkelgrün gestrichen, die Ölfarbe ist rissig und blättert an einigen Stellen ab.

Ich rolle die dünne graue Matratze aus und lege mich auf das Bett. Die schwarze Linse einer Videokamera starrt von der Decke zu mir herunter. Schwere Schritte sind vor der Tür zu hören, jemand schaut durch das Beobachtungsloch. Ich schließe meine Augen und und falle in einen unruhigen Halbschlaf. Ich erinnere mich an ein schreckliches Bild aus meiner Anfangszeit als Journalistin, als ich ein Gefängnis besuchte, um ein Interview mit einem Serienmörder aufzunehmen.

Hochsicherheitsgefängnis Noworossijsk
2001

»Ja, ich habe sie getötet! Ich musste überprüfen, ob ich ein Mensch oder eine schaurige Kreatur bin«, rechtfertigte sich der grau gekleidete Mörder unheilvoll in mein Mikrofon, wobei sein zahnloser Mund zuckte.

In den späten 1990er-Jahren hatte er eine Bande gegründet, die Menschen tötete und ihre Autos stahl. Der Rädelsführer hatte mindestens sieben Opfer auf dem Gewissen. Er wurde zu einer lebenslangen Freiheitsstrafe verurteilt.

Im Gefängnis zeigte der Mörder keine Reue, sondern versuchte, seinem Umfeld seine Sichtweise aufzudrängen, was uns das Blut in den Adern gefrieren ließ. Wir nahmen das Interview in einer separaten Zelle auf, durch ein Eisengitter vom Serienmörder getrennt.

»Was ist menschliches Leben? Einfach Müll. Es ist wertlos«, sagte der Mörder, der die Aufmerksamkeit offensichtlich genoss.

Ich, eine sehr junge Frau, hörte mit großen Augen zu, als er sprach. Ich konnte kein einziges Wort herausbringen. Ich war auf eine solch extreme Begegnung nicht vorbereitet. Irgendwann sprang der gestörte Häftling abrupt auf, sprang an die Gitterstäbe, packte das Mikrofon und riss es gewaltsam an sich. Ich schreckte entsetzt zurück. Zwei Wärter sprangen auf ihn zu und legten ihm Handschellen an.

»Das Gespräch ist beendet. Lassen Sie uns gehen!«, rief der Aufseher mit besorgter Stimme ...

In diesem Moment wache ich mit einem Hustenanfall auf. Klebriger Schweiß bedeckt meinen ganzen Körper. Eine Lampe verbreitet schummriges Licht von der Decke, ich starre auf einen Punkt und versuche zu verstehen, wie ich mich zwanzig

Jahre später in genau so einer Gefängniszelle wiederfinde, in die man früher Mörder, Vergewaltiger und Räuber geworfen hat. Wie bin ich hier gelandet?

Warum sitzen Dutzende von unschuldigen Politikern und Journalisten, die das Beste für ihr Land wollten, im Gefängnis oder im Exil? Aber die wirklichen Verbrecher, Mörder, Vergewaltiger und Plünderer, die die Gräueltaten gegen die Bevölkerung der Ukraine auf dem Gewissen haben, sind noch auf freiem Fuß? Ich finde keine Antworten darauf. Russland ist zu einem Land geworden, in dem das absolut Böse vorherrscht.

Das helle Licht trifft meine Augen. Draußen ist es noch dunkel, aber in der Zelle wird bereits das Kunstlicht eingeschaltet.

»Stehen Sie auf, machen Sie Ihre Betten!«, kommt die Stimme des Wärters kommt von draußen. Ich setze mich langsam auf und erinnere mich daran, dass mir ein Weckruf um 6 Uhr versprochen wurde. Mein Kopf droht vor Schmerz zu platzen. Es gibt ein lautes Klirren von Schlüsseln am Schlüsselloch.

»Los«, ruft eine ältere Aufseherin, die am frühen Morgen Dienst hat, mit wütender Stimme. »Nehmen Sie Ihre Sachen und kommen Sie raus. Hände nach vorne«, befiehlt sie und lässt die Handschellen an meinen Handgelenken zuschnappen. »Gehen Sie nach rechts, mit dem Gesicht zur Wand, in den Korridor hinaus.«

Sie führt mich in die nächste Zelle. Dort sitzt von dichtem Tabakrauch umhüllt eine mürrische Frau. Ihre Arme sind vollständig tätowiert.

»Hallo, ich heiße Galja. Ich komme aus Noworossijsk!«, wendet sie sich mir zu. »Ich bin erst vor zwei Tagen in Moskau angekommen, und die Polizei hat mich gleich mitgenommen. Davor war ich sechzehn Jahre im Gefängnis ... Ich habe zwei Männer getötet. Scheiß auf sie, sie sind selbst schuld, sie hätten sich nicht einmischen sollen ...«

179

»Warum haben sie Sie jetzt hierher gebracht?«, frage ich vorsichtig.

»Ich habe auch in Noworossijsk einen Mann mit einem Messer erstochen und bin nach Moskau gekommen, weil ich dachte, ich könnte mich hier verstecken...«

»Wussten Sie nicht, dass Moskau über das fortschrittlichste Gesichtserkennungssystem verfügt?«, frage ich sie. »Überall sind Videokameras, nicht einmal eine Maus kann hier unbemerkt durchschlüpfen.«

»Was du nicht sagst«, winkt meine Zellengenossin verbittert mit der Hand ab.

Galja raucht nervös und flucht unaufhörlich. Ständig hustend und keuchend, versuche ich, nicht ohnmächtig zu werden. In diesem Moment ist es mein größter Wunsch, frische Luft zu atmen.

»Was ist los mit Ihnen? Sie sind es nicht gewöhnt, oder? Wenn man ins Gefängnis kommt, sitzen dort vierzig Leute, und fast alle rauchen. Warum haben sie Sie hierher gebracht?«, fragt Galja.

»Weil ich gegen den Krieg bin und fordere, keine Kinder zu töten.«

»Was zum Teufel ist hier los?«, schimpft Galja erneut. »Ich bin auch gegen den Krieg. Sie sind verrückt. Dafür kommt man ins Gefängnis! Was ist hier los? Kinder sind heilig. Ich würde für meine Kinder töten...«

In diesem Moment öffnet sich die Tür. Der Aufseher schiebt eine junge, zerbrechlich wirkende Frau von etwa fünfundzwanzig Jahren in die Zelle. Wie ein verängstigtes Reh sitzt sie schweigend auf dem Bett und weint leise, ohne auf Fragen zu antworten. Ich kann sehen, dass sie einen schweren Schock hat. Ich versuche, sie zu beruhigen, aber sie weint noch mehr.

Mittlerweile nähern wir uns der Mittagszeit.

»Owsjannikowa, ziehen Sie sich an und kommen Sie raus!«
Die schroffe Stimme des Aufsehers ertönt. »Sie kommen jetzt
ins Basmanny-Gericht.«

Sobald ich den Namen des Gerichts höre, lösen sich alle
Hoffnungen auf ein gerechtes Urteil in Luft auf. Das Basmanny-Gericht ist seit dem Prozess gegen den Yukos-Eigentümer
Michail Chodorkowski ein Symbol für politische Repression in
Russland. Wegen seiner politischen Aktivitäten wurde er für
elf Jahre ins Gefängnis gesteckt. Danach wurde in Russland der
Begriff »Basmanny-Justiz« geprägt, um ein korruptes Gericht
zu bezeichnen, das auf Geheiß der Behörden ungerechte Urteile fällt.

Die Aufseherin bringt mich zurück in den Eisenkäfig und
durchsucht mich erneut. In meinen Papieren findet sie zufällig
einen Zettel, auf den ich geschrieben habe: »Mögest du nachts
von ermordeten Kindern träumen«. Sie schnappt ihn sich, zer-
knüllt ihn und wirft ihn in den Mülleimer.

Auf der unruhigen Fahrt zum Gericht kommt mir wieder der zerfetzte Körper des vierjährigen Mädchens, Lisa aus
Winnyzja, in den Sinn und ich schreibe den Satz »Mögest du
nachts von ermordeten Kindern träumen« auf mehrere Blätter...

Der Wagen hält vor dem Basmanny-Gericht. Es handelt
sich um ein kleines, altes zweistöckiges Gebäude im Zentrum
von Moskau. Zwei Wachen führen mich durch den Hintereingang hinein und werfen mich in eine winzige Zelle irgendwo
im Keller.

»Sie werden gleich noch einmal durchsucht«, sagt einer der
Wachmänner.

»Wie oft werden Sie mich denn noch durchsuchen? Wollen
Sie mich auf den Arm nehmen?« Ich bin entrüstet.

Die Tür fällt laut zu. Ich ziehe zwei der gefalteten, weißen
Blätter mit der Mahnung aus meiner Tasche und überlege

krampfhaft, wo ich sie verstecken kann. Das eine stecke ich in den Ärmel meiner Jacke, das andere in meine Sandalen. Das Blut pulsiert in meinen Schläfen, mein Herz klopft wie wild. Die Durchsuchung kann jeden Moment beginnen.

Als die Wärterin mit einem Metalldetektor an der Zellentür erscheint, beginne ich wieder nervös zu husten. Sie wirft mir einen müden Blick zu und sucht mich mit dem Metalldetektor ab. Zum Glück gibt es kein Signal bei Papier.

Ich sitze mehr als fünf Stunden im Keller des Basmanny-Gerichtes. Schließlich, gegen Abend, öffnet sich die Tür und vier riesige, schwarz maskierte Wachmänner erscheinen auf der Schwelle.

»Kommen Sie raus«, sagt einer von ihnen, »wir gehen in den ersten Stock hinauf.«

In Handschellen werde ich durch eine große Menge von Journalisten geführt. Das Wichtigste, woran ich in diesem Moment denke, ist, dass meine Kinder diese Videos sehen werden, und das wird ein echter Schock für sie sein. Werde ich ihnen jemals erklären können, dass ihre Mutter, wie Dutzende andere politische Gefangene in Russland, keine Kriminelle ist?

Ich werde im Gerichtssaal in einen verglasten Kasten geführt, den ich bisher nur aus Filmen kenne.

Mein Anwalt nähert sich dem dicken Glas:

»Schon gut, der Staatsanwalt beantragt, dass Sie unter Hausarrest gestellt werden! Ich war mir sicher, dass sie Sie in Untersuchungshaft stecken würden«, teilt er mir Dmitri Sachwatow lächelnd.

»Gott sei Dank!«, rufe ich erleichtert aus.

Nach einer Nacht in der Haftanstalt weiß ich genau, dass ich die U-Haft entweder nicht überlebt hätte, oder mindestens zusammengebrochen oder depressiv geworden wäre.

Richterin Natalia Dudar, die bereits über die Politiker Alexej Nawalny und Ilja Jaschin Urteile gesprochen hat, erklärt die Anhörung über die Präventivmaßnahme für nicht öffentlich.

»Wovor haben Sie Angst?«, rufe ich aus. »Wir müssen den Prozess so offen wie möglich gestalten. Selbst in der Sowjetunion wurden Fälle von antisowjetischer Propaganda und der Verbreitung wissentlicher Falschinformationen, die das sowjetische System verunglimpften, offen geahndet.«

Derartige Argumente haben keine Wirkung auf die Richterin. Sie führt lediglich einen Befehl des Kremls aus. Alle Verfahren nach dem neuen Artikel über Fake News müssen hinter verschlossenen Türen stattfinden.

Vor Beginn der Sitzung werden einige akkreditierte Journalisten in den Saal gelassen. Ich falte schnell eines der Blätter mit der Aufschrift »Mögest du nachts von ermordeten Kindern träumen« auf und halte es an das Glas. Zwei Wachleute, die wie riesige Gorillas aussehen, springen vor die Scheibe und versuchen mit ihren Armen und Körpern, die Botschaft vor den Journalisten zu verbergen.

»Raus mit der Presse ... raus, raus«, ruft einer von ihnen.

Die Kamera blinkt. Vier Polizisten drängen die Reporter aus dem Saal. Sobald sich die Tür hinter ihnen schließt, kommt einer der Polizisten zu mir in den Glaskasten und greift sich mein Blatt. Dann wird eine zweite Gruppe von Reportern hereingelassen. Ich erkenne einen bekannten Kameramann von Agence France-Presse unter ihnen. Vor seiner Kamera entfalte ich schnell das zweite Blatt mit demselben Satz. Alles wiederholt sich nach dem bekannten Muster. Die Wachen schieben den Franzosen sofort aus der Tür.

»Sie werden strenger bewacht als Tschikatilo (bekannter sowjetischer Serienmörder)«, bemerkt mein Anwalt.

»Natürlich ist ein Stück Papier im modernen Russland gefährlicher geworden als eine Pistole«, rufe ich aus dem gläsernen Kasten.

Journalisten dürfen den Saal nicht mehr betreten. Die Richterin beginnt hastig mit der Verlesung der Anklage. Die Untersuchung geht davon aus, dass ich aus politischem Hass und Feindseligkeit heraus wissentlich falsche Informationen über die russische Armee verbreitet habe. Nach Ansicht des Staatsanwalts sind die Angaben über 352 in der Ukraine getötete Kinder unwahr. Denn das russische Verteidigungsministerium führt im Rahmen einer speziellen Militäroperation hochpräzise Schläge durch, durch die natürlich keine Kinder getötet werden. Die Richterin erteilt mir das Wort:

»Sehr geehrte Frau Richterin, ist der Tod von Kindern als Folge dieses Krieges eine Falschmeldung? Werfen wir einen Blick auf die UN-Statistiken. Sie können die Website der UNO aufrufen, die in Russland nicht gesperrt ist, und sie sich ansehen. Alle Fälle wurden von internationalen Experten, die an den Tatorten tätig waren, sowie von Mitarbeitern der Generalstaatsanwaltschaft der Ukraine dokumentiert. Wenn es zum Prozess kommt, werden wir Videobeweise über den Tod ukrainischer Kinder vorlegen. Ich werde ein Interview mit ihren Eltern aufnehmen. Sie dürfen mich nicht unter Hausarrest stellen, denn ich bin unschuldig.«

Doch die Richterin bleibt unnachgiebig. Spät in der Nacht holt mich ein Wagen des FSIN (Föderaler Strafvollzugsdienst) ab. Ich werde die nächsten zwei Monate unter Hausarrest ohne Telefon und Internet verbringen.

22. Familiendrama

Es ist fast Mitternacht. Der Beamte des Untersuchungsausschusses schreibt gerade fleißig etwas in seinen Bericht. Und der Inspektor der FSIN geht durch mein Haus und stellt in jedem Zimmer Basisstationen auf, die aussehen wie alte sperrige Telefone. Diese Geräte haben nur Tasten für die Notfallhilfe und die Kommunikation mit dem FSIN.

Der Inspektor befestigt eine elektronische Fußfessel, die einem Fitness-Tracker sehr ähnlich ist, an meinem Bein.

»Was ist das Prinzip dahinter?«

»Die Fußfessel sendet ständig ein Signal an die Basisstationen«, erklärt der Inspektor, »wenn Sie also das Haus verlassen, erfahren wir das sofort. Und dann werden Sie eine härtere Strafe bekommen.«

Kristina steht plötzlich vor meiner Tür. Ich bin überglücklich, sie zu sehen. Ich kann gar nicht glauben, dass sie es geschafft hat, so schnell nach Samara zu fliegen, ihren Job zu kündigen und zurückzukommen.

»Kann ich als Essenslieferant arbeiten?«, fragt Kristina lächelnd und ein wenig kokett, während sie zwei schwere Einkaufstüten auf den Boden fallen lässt.

»Eigentlich besagt das Urteil des Basmanny-Gerichts, dass Marina Wladimirowna nur mit ihrem Anwalt und engen Verwandten kommunizieren darf«, sagt der Beamte des Untersuchungsausschusses mit monotoner Stimme. »Sind Sie mit ihr verwandt oder so?«

»Nein, ich bin ihre Freundin«, antwortet Kristina lächelnd und versucht, so zu tun, als ob nichts los wäre. »Marina hat keine Verwandten, die sich um sie kümmern können«, erklärt sie.

»Ihre Mutter will Marina so schnell wie möglich ins Gefängnis stecken, weil sie gegen Putin ist. Und ihr erwachsener Sohn hat das Haus verlassen. Ich bin die Einzige, die ihr helfen kann.«

»In der Tat«, bestätige ich. »Ohne Kristinas Hilfe würde ich unter Hausarrest einfach verhungern. Selbst in der Untersuchungshaft wird für die Gefangenen gekocht und ihnen Essen gebracht.«

Der Ermittler denkt angestrengt nach. Er will unbedingt nach Hause, es ist spät, er ist müde und er weiß nicht, wie er mit der Situation umgehen soll. Deshalb winkt er ab, er will sich jetzt nicht mit dieser mutigen Frau befassen, die vor nichts Angst hat, auch nicht davor, in die Schusslinie zu geraten. Also beschließt er, sich später mit dem Problem zu befassen, und geht ...

Ein paar Tage später holt er mich zum Verhör.

Dadurch kann ich für kurze Zeit meiner Gefangenschaft entrinnen und schaue mich interessiert auf der Straße um:

»Wie viele Gefangene haben Sie wie mich?«

»Sie sind die erste, die wir aus politischen Gründen unter Hausarrest haben. Normalerweise sind es Gauner und Drogenabhängige. In diesem Haus«, der Inspektor zeigt auf einen grauen Wohnblock, »wohnte ein Mann, der eine Bande von Autodieben gegründet hatte. Und in diesem hier«, er weist mit der Hand in Richtung des benachbarten fünfstöckigen Gebäudes, »gab es eine Frau, die ihren Mann im Eifer eines Familienstreits erstochen hat.«

Dann wendet mein Gesprächspartner verlegen den Blick ab und sagt einen Satz, der mir noch lange im Gedächtnis haften bleibt: »Machen Sie sich keine Sorgen, Marina Wladimirowna, wir alle lieben und unterstützen Sie sehr ...«

Vor lauter Überraschung bin ich verlegen und schweige. Ich frage mich, warum Menschen, die genau wissen, dass dieses System völlig marode ist, weiterhin seine kriminellen Befehle ausführen. Der FSIN-Inspektor scheint ein anständiger Mann zu sein, der von Gewissensbissen geplagt wird. Zumindest weiß er, dass meine Verhaftung illegal ist. Ich frage mich, ob die Richterin, die mich auf Anweisung der Behörden unter Hausarrest gestellt hat, etwas Ähnliches empfindet. Und der Ermittler, der das Strafverfahren gegen mich eingeleitet hat? Und mein Ex-Ehemann, der für den Kreml arbeitet und sich an meinen Schikanen beteiligt?

Der Sommer neigt sich dem Ende zu. Seit meiner Verhaftung sind drei Wochen vergangen, und in dieser ganzen Zeit habe ich meine Tochter nicht gesehen. Ich konnte auf Anordnung des Basmanny-Gerichts nicht aus dem Haus, und meine Tochter durfte die Wohnung auf Anordnung ihres Vaters nicht verlassen.

»Ihr Haus ist jetzt ein Gefängnis! Und du wirst deine Mutter nicht wiedersehen«, sagte ihr Vater zu Arisha, nachdem sie mir eine elektronische Fußfessel angelegt hatten. Er schloss unsere Tochter in seiner Wohnung ein und verbot ihr, mit mir zu kommunizieren.

Jeden Tag denke ich schmerzlich daran, dass wir wertvolle Zeit verlieren. Es kann nicht mehr lange dauern, bis ich in ein Internierungslager geschickt werde, und dann werde ich meine Tochter wirklich nicht mehr sehen können. Ich werde mindestens fünf Jahre im Gefängnis verbringen, oder sogar mehr, wenn die Behörden mir einen Schauprozess machen wollen. Wenn ich dann aus dem Gefängnis komme, ist Arisha erwachsen, sie macht ihren Schulabschluss und bereitet sich auf die Universität vor. Die Zeit wird knapp, und ich muss handeln, aber ich fühlte mich hilflos. Ich kann meine Tränen kaum zurückhalten und versuche, mich von meinen traurigen Gedanken abzulenken.

»Mach dir keine Sorgen, alles wird gut«, ermutigt mich Kristina. »Wir werden uns etwas einfallen lassen. Dein Ex-Mann hat Arisha übrigens auch verboten, mit mir zu sprechen.«

Aber sie schreibt mir heimlich, dass sie mich sehr vermisst und nach Hause kommen möchte ...

Ich vermisse sie auch. Die Tage unter Hausarrest ziehen sich unerträglich in die Länge. Die Sommerferien sind vorbei, die Schule beginnt am nächsten Tag. Ich sitze alleine hier, eingeschlossen in meinen vier Wänden.

Plötzlich klopft es leise an der Tür. Erschrocken erstarre ich für einen Moment und lausche.

»Mami, ich bin's«, ertönt die Stimme meiner Tochter.

Ich öffne schnell die Tür. Arisha, die vor Angst zittert, wirft sich mir um den Hals. Ihre Knie zittern, ihre Hände auch ...

»Ich habe eine App heruntergeladen und ein Taxi gerufen, als Papa zur Arbeit ging und Kirill zum Einkaufen«, berichtet sie überdreht und hat es eilig, mir alles zu erzählen. »Sie riefen mich hundertmal an, während ich fuhr, schrien mich an und schrieben mir, ich solle sofort zurückkommen.

»Ist schon gut, du bist bei Mama«, beschwichtige ich meine Tochter und bin gleichzeitig erstaunt über ihren Mut.

Arisha zittert weiter. Als ich merke, dass meine Umarmungen und Worte nicht ausreichen, nehme ich eine Baldriantablette aus dem Medizinschrank und schenke ihr ein Glas Wasser ein.

»Trink das, du musst dich beruhigen.«

»Ich bin ein freier Mensch, und mein Zuhause ist kein Gefängnis. Außerdem können Kinder ab dem zehnten Lebensjahr selbst entscheiden, mit wem sie zusammenleben wollen«, erklärt Arisha, als sie sich beruhigt hat.

»Im Normalfall können sie selbst entscheiden, mit wem sie zusammenleben wollen«, schaltet sich Kristina in das Gespräch ein. »Aber du musst bedenken, dass deine Mutter aus politischen Gründen von allen Seiten unter Druck gesetzt wird ...«

Wir verriegeln die Tür, sitzen glücklich in der Küche und lachen. Es scheint, als hätten wir das Schlimmste hinter uns.

Aber wir irren uns gewaltig. Es ist, als ob ein Dämon unser Leben in einem unglaublichen Tempo verschlingt. Am Abend stellt sich heraus, dass Arisha plötzlich von ihrer Heimatschule verwiesen wurde und ihre Schulunterlagen auf mysteriöse Weise verschwunden sind.

Die Polizei beruft sich auf eine seltsame Anordnung und zwingt mein Kind, eine andere Schule zu besuchen, die sich in der Nähe des Hauses ihres Vaters am anderen Ende von Moskau befindet.

»Ich will nicht auf eine andere Schule gehen«, weint meine Tochter. »Ich habe Angst, dass mein Vater mich wieder zu sich holt, mir das Telefon wegnimmt und ich nicht mehr zu dir darf.«

Zusammen mit meinem Anwalt versuchen wir, dass Arisha wieder auf ihre alte Schule besuchen darf, in der sie seit der ersten Klasse unterrichtet wird, aber jedes Mal werden wir abgewiesen. Dmitri Sachwatow schickt endlose Beschwerdebriefe an das Bildungsministerium und die Staatsanwaltschaft, aber alles vergeblich.

»Ich verstehe nicht«, beschwere ich mich beim Anwalt, »warum mein Ex-Ehepartner sein eigenes Kind instrumentalisiert? Alle Probleme können auf dem Verhandlungsweg gelöst werden, aber er versteckt sich und will nicht reden. In einigen Jahren, wenn das Putin-Regime fällt und der Personenkult um ihn nachlässt, wird seine Tochter, die inzwischen erwachsen ist, zu ihm kommen und ihn fragen: ›Papa, warum hast du mich und meine Mutter so schikaniert? Warum hast du mir verboten, ins Ausland zu gehen? Warum wolltest du nicht mit ihr sprechen? Während sie sich mutig dem Krieg widersetzte, hast du ihn angeheizt ...‹ Und ich glaube, das wird die beängstigendste Prüfung für ihn sein – die Kommunikation mit seiner erwachsenen Tochter.«

»Alles, was Ihnen widerfährt, ist ein absoluter Skandal«, ist Dmitri Sachwatow ebenso empört wie ich. »So etwas ist mir in meiner juristischen Praxis noch nie begegnet. Können Sie das glauben, dass der Sicherheitsdienst Ihrer Siedlung mir jetzt auch noch den Zugang zu Ihrem Haus versperrt? Ich musste mein Auto stehen lassen und zu Fuß gehen.«

»Wie können sie das nur tun? Ich bezahle die Nebenkosten, und ein Teil des Geldes fließt in ihre Gehälter«, bin ich empört.

Die Probleme türmen sich höher und höher. Dmitri Sachwatow schreibt weiterhin Beschwerden und appelliert an verschiedene Behörden, Kristina versucht, meine Tochter wieder auf ihre Schule zu bringen. Aber Beide fühlen sich wie Fische an Land und erhalten eine Absage nach der anderen.

»Was soll ich tun?« Kristina ruft meinen Anwalt an: »Ich habe gerade einen Anruf von einem Ermittler erhalten, der mich zur Befragung durch die Untersuchungskommission vorgeladen hat ...«

»Lassen Sie sich sofort krankschreiben, sagen Sie nur, dass Sie erkältet sind«, rät Dmitri. »Der Ermittler muss beschlossen haben, Sie als Komplizin oder Tatzeugin hinzuzuziehen. Sie müssen das Videomaterial ausgewertet und gesehen haben, dass Sie bei der Mahnwache vor dem Kreml dabei waren. Offensichtlich wollen sie auf diese Weise Druck auf Marina ausüben und ihr jegliche Hilfe vorenthalten.«

Kristina eilt sofort zum Arzt, um sich eine Arbeitsunfähigkeitsbescheinigung ausstellen zu lassen. Zur gleichen Zeit kommt die Leiterin der territorialen Abteilung der FSIN zu einer Inspektion in mein Haus.

Ich öffne die Tür. Auf der Türschwelle steht eine große Blondine mit einem von Wut und Hass verzerrten Gesicht. Der Inspektor spricht in ihrem Beisein nicht mehr vertraulich mit mir, sondern handelt nur noch genau nach Anweisung.

Die beiden bringen mich zum Moskauer Stadtgericht, wo die Berufung meines Anwalts gegen meine unrechtmäßige Verhaftung verhandelt wird. Statt aus dem Fenster zu schauen, lese ich während der gesamten Fahrt erneut Orwells »1984«.

»Ist dies das Moskauer Stadtgericht?« Ich schaue überrascht auf.

»Nein, das ist das Gericht von Schtscherbinka«, antwortet die Beamtin.

Es ist, als hätte man einen Eimer kaltes Wasser über mir ausgeschüttet. Nicht nur, dass alle Fake-News-Sitzungen hinter verschlossenen Türen stattfinden, sondern um mich von den Journalisten zu isolieren, hat man mich nun auch noch an den Stadtrand von Moskau statt ins Stadtzentrum gebracht.

Wir betreten das Gerichtsgebäude. Rosgwardija-Soldaten in Schutzwesten mit dem vielsagenden Buchstaben Z kontrollieren sorgfältig meine Tasche. Heute arbeiten sie nach einem engen Zeitplan. Putin hat gerade eine Teilmobilisierung angekündigt, und die Behörden befürchten Unruhen.

Der Richter des Moskauer Stadtgerichts eröffnet die Anhörung per Videolink. Ich sitze allein in einem leeren Saal und halte ein weißes Blatt hoch mit der Aufschrift: »Keine Mobilisierung!« Der Staatsanwalts behauptet erneut, die toten Kinder in der Ukraine seien Falschmeldungen, weil keine Todesfälle von Kindern vom russischen Verteidigungsministerium gemeldet worden seien. Die Argumente meines Anwalts bezüglich meiner Unschuld werden völlig ignoriert.

Der Richter belässt den Hausarrest unverändert. Die Journalisten bitten um eine Videoaufnahme des Prozesses, die jedoch auf mysteriöse Weise verschwindet...

Nach der Verhandlung kommt mein Anwalt zu mir nach Hause.

»Sie haben eine letzte Chance, Ihr Leben zu retten, wenn Sie nicht im Gefängnis verrotten wollen«, erklärt Dmitri. »Sie vergeuden wertvolle Zeit ...«

Ich verstehe seine Andeutung sehr gut, ich muss aus Russland fliehen. Ich habe wieder einen nervösen Hustenanfall.

Ich erlebe die Agonie eines Systems, das an allen Fronten verliert. Die russischen Truppen ziehen sich rasch aus der Ukraine zurück, Hunderttausende von Wehrpflichtigen fliehen aus dem Land, um der Mobilisierung zu entgehen, und die Gerichte verhängen massenhaft Urteile gegen Kriegsgegner.

Die Zeit bis zum 10. Oktober wird knapp, dann muss ich mich erneut vor dem Basmanny-Gericht verantworten. Ich muss dringend mein Leben retten. Aber ich kann meine Tochter nicht zurücklassen, und sie hat keinen Reisepass. Es ist ein Teufelskreis ...

23. Flucht

Die Erlösung kommt unerwartet.

»Reporter ohne Grenzen wird dir in Europa helfen«, erklärt Kristina mir. Meine ehemalige Kollegin Schanna Agalakowa steht mit der Organisation in Kontakt.

»Toll«, rufe ich und springe vor Freude an die Decke. Ich kann kaum glauben, was da passiert. Es sieht so aus, als ob mein Hauptproblem gelöst ist.

»Wir werden gleich eine ungewöhnliche Geografiestunde haben«, sage ich meiner Tochter, während ich die Weltkarte auf meinem Laptop aufrufe und mich über die gute Nachricht freue. »Welche Länder grenzen an Russland?«

»Estland, Lettland, Litauen«, beginnt Arisha ihre Liste. »Belarus, Ukraine.«

»Und auch Finnland«, fahre ich fort, »Norwegen, Georgien, Aserbaidschan, Kasachstan, China, die Mongolei und sogar Nordkorea.«

»Wohin sollen wir fliehen?« Kristina nimmt an unserem Quiz teil.

»Wahrscheinlich Nordkorea«, sage ich ironisch.

Wir lachen.

»Ja, denk auch an den Iran«, regt Arisha lachend an und schaut auf eine Karte des Nahen Ostens. Die Idee, mit einem Kind wegzulaufen, scheint mir ein echtes Risiko zu sein, aber ich sehe keinen anderen Ausweg.

»Wir brauchen die Hilfe eines Freundes«, sage ich. Kristina greift sofort zum Telefon und ruft meinen Anwalt an.

Um uns zu retten, schmiedet Dmitri Sachwatow in aller Heimlichkeit einen Plan. Wir sitzen auf heißen Kohlen. Über unser Schicksal wird entschieden und wir tappen im Dunkeln.

»Nehmt nur Rucksäcke mit«, weist uns Dmitri an.

Wir sind total nervös. Auf dem Boden stehen drei fast volle Koffer. Einer ist riesig, die anderen sind kleiner. Dokumente, Sommerkleider, Winterkleider, Schuhe ... Ich gehe alles in meinem Kopf durch.

»Dima, wir können nicht alles in unseren Rucksäcken verstauen!«

Der Anwalt nickt verständnisvoll. Er nimmt den großen Koffer, trägt ihn zu seinem Auto und verspricht, dass er unsere Sachen mit dem ersten Flugzeug nachschicken wird.

»Übrigens«, sagte Dmitri zum Abschied, »lehnen Sie sich nicht einfach zurück, sondern trainieren Sie. Für einen illegalen Grenzübertritt braucht man eine gute körperliche Fitness.

Arisha geht joggen und ich habe wegen des Arrestes keine andere Wahl, als meinen Heimtrainer zu benutzen. Ich male mir die düstersten Bilder von illegalen Migranten aus Afrika und dem Nahen Osten aus, die versuchen, per Boot in die EU-Länder zu gelangen.

Endlich ist der entscheidende Tag gekommen. Freitagabend, die beste Zeit für eine Flucht. Die Arbeitswoche ist vorbei. Die Ordnungshüter sind mit Wodka und Kebab in der Datscha. Zum ersten Mal bin ich froh, dass es in Russland bei allen Strafverfolgungs- und Sicherheitsbehörden chaotisch zugeht. Am Wochenende wird sicher niemand nach mir suchen. Der Ermittler kommt erst am Montag zur Arbeit, wird über meine Flucht informiert und setzt mich erst dann auf die Fahndungsliste. Wir haben also noch mindestens zwei Tage Zeit.

Ich setze mich aufs Sofa und nehme eine Videobotschaft auf: »Liebe FSIN-Offiziere, legen Sie Putin eine Fußfessel an, er ist es, nicht ich, der von der Gesellschaft isoliert und wegen Völkermordes am ukrainischen Volk und wegen Massenvernichtung der männlichen Bevölkerung Russlands vor Gericht gestellt werden sollte.«

Wenn alles gut geht, werde ich diesen Aufruf in meinen sozialen Netzwerken veröffentlichen, wenn ich außerhalb Russlands bin.

Es ist 22.30 Uhr ... Wir stehen schon mit unseren Koffern am Start, doch in diesem Moment öffnet sich das Tor und meine Mutter kommt in den Hof. Sie überwacht mich besser als die Beamten der FSIN.

»Was ist das für ein seltsames Auto, das zu dieser späten Stunde vor dem Haus parkt?«, fragt sie, da sie offensichtlich einen Verdacht hat, dass etwas nicht stimmt.

Während ich auf sie zugehe, erfinde ich eine Geschichte über Leute, die mit Papieren von einem Anwalt zu mir kommen. Daraufhin verstecken die Mädchen ihre Koffer schnell im Badezimmer. Und Kristina gibt dem Fahrer die Anweisung, vom Haus wegzufahren und um die Ecke auf uns zu warten.

»Du bist jetzt eine Verbrecherin!« Meine Mutter starrt auf meine elektronische Fußfessel. »Egal, was du tust, Putin wird sowieso alle Nazis in der Ukraine vernichten.«

»Mama, ist dir klar, dass sich deine Meinung dramatisch wandeln wird, wenn sich die Propaganda in den staatlichen Medien ändert und sie anfangen, dir zu erzählen, dass Ukrainer und Amerikaner die besten Menschen auf der Welt sind?« Wieder einmal versuche ich, meine Mutter zur Vernunft zu bringen.

Aber sie hört nicht zu. Sie knallt die Tür laut zu und geht.

Nachdem sie sich vergewissert haben, dass niemand in der Nähe ist, springen Kristina und Arisha auf die Straße und laufen zu dem wartenden Auto. Ich ziehe mir eine schwarze Mütze tief ins Gesicht und eile ihnen hinterher. Wir werfen das

Gepäck in den Kofferraum und fahren los. Die Signale meiner elektronischen Fußfessel werden ab jetzt von den Basisstationen nicht mehr empfangen. Um unsere Spuren zu verwischen, wechseln wir das Auto auf dem nächstgelegenen Parkplatz.

»Oh, ich habe vor lauter Durcheinander vergessen, die Fußfessel abzumachen«, fällt mir plötzlich ein.

Ich weiß, dass sie keinen Peilsender hat, aber ich sollte die Fußfessel jetzt besser loswerden. Ich krame unten in meiner Handtasche zwischen Cremetuben, Parfümflaschen und Lippenstift herum und finde die vorbereitete Drahtschere. Ich versuche, den Gurt abzuschneiden. Aber es gelingt nicht beim ersten Mal. Im Inneren des Riemens befinden sich Metallfäden.

»So ein Mist!«, fluche ich verzweifelt.

Ich drückte die Zange noch fester zu ... die Metallfäden reißen. Ich ziehe die Fußfessel ab und werfe sie mit Schwung in das Gras am Straßenrand.

»Es lebe die Freiheit«, rufe ich triumphierend.

»Hurra«, freuen sich die Mädchen.

Der Fahrer versteht offensichtlich nicht, was vor sich geht, stellt aber auch keine Fragen. Ich bitte ihn, ein paar Minuten am Stadtrand anzuhalten. Kristina steigt aus und verlässt uns. Sie verspricht, so bald wie möglich mit dem großen Koffer per Flugzeug nach Europa zu kommen.

Auf der breiten Autobahn bringt uns das Auto immer weiter weg von Moskau. Nach ein paar Stunden senkt sich dichter Nebel auf die Straße, und der Fahrer fährt langsamer. Meine Tochter legt ihren Kopf in meinen Schoß und wir fallen in einen unruhigen Schlaf.

Am Nachmittag halten wir in einem abgelegenen Dorf. Die Häuser sind hinter welkem Laub verborgen.

»Mein Teil der Reise ist vorbei«, sagt der Fahrer müde, »ich habe Sie zum vorgesehenen Ort gebracht. Hier sollte ein anderes Auto auf Sie warten.«

In diesem Moment kommt ein alter grauer Lada um die Kurve. Er hält neben uns und hinterlässt eine graue Staubwolke auf der Straße. Ohne allzu viele Fragen zu stellen, steigen wir ein und fahren weiter.

Fünf Minuten später hält der Fahrer vor einem offenen Tor. Im Hof des Hauses steht ein riesiger kaukasischer Schäferhund an einer Kette, der bei unserer Ankunft laut zu bellen beginnt.

»Halt die Klappe, das sind unsere eigenen Leute«, herrscht der Besitzer ihn an.

Der Hund ist ruhig und beginnt, freundlich mit dem Schwanz zu wedeln.

»Nennen Sie mich Anton«, stellt sich der Mann vor, als wir das Haus betreten. »Ich werde Sie begleiten. Wir warten, bis es dunkel wird, und versuchen dann, über die Grenze zu kommen. Vielleicht klappt es nicht beim ersten Versuch. Aber keine Angst, ich bin von hier, ich kenne alle Straßen.«

Ich nicke verstehend, obwohl ich noch nicht genau weiß, was auf mich zukommt. Ein paar Stunden später fährt ein kleiner Renault auf den Hof. Unser Begleiter sitzt neben dem Fahrer. Wir nehmen hinten Platz. Die kleine Schotterstraße, auf der wir fahren, schlängelt sich zwischen Feldern und Bauernhöfen hindurch. In der Ferne sehen wir die brennenden Scheinwerfer eines anderen am Straßenrand stehenden Autos.

»Beeilen wir uns«, sagt Anton knapp, und seine Anspannung überträgt sich auf uns. »Jetzt fahren wir direkt an die Grenze, das ist der schwierigste Teil der Reise.«

Er wirft unsere Sachen in den Kofferraum des verrosteten Autos. Das Auto holpert über die Bodenwellen und rast direkt durch ein Feld mit trockenem Gras. Am Steuer sitzt ein älterer Mann in einer Wolljacke. Plötzlich öffnet sich der Kofferraum des Wagens, und aus dem Augenwinkel sehe ich meinen schwarzen Rucksack auf die Straße fallen.

»Halten Sie an«, rufe ich dem Fahrer zu.

Anton springt aus dem Auto, nimmt den Rucksack und schlägt den Kofferraum zu. Aber der Fahrer kann das Auto nicht bewegen, es steckt im Morast fest. Plötzlich tauchen zwei Lichter neben dem Auto auf. Es sind die Scheinwerfer eines entgegenkommenden Autos.

»Es ist nicht mehr weit«, sagt der Fahrer und macht schnell seine Scheinwerfer aus. »Lauft dort rüber.« Er weist mit der Hand in die Ferne. Ringsum ist es stockdunkel.

Wir holen Rucksäcke und Koffer aus dem Kofferraum und laufen los.

»Uns wurde gesagt, wir müssten siebenhundert Meter laufen?«, frage ich Anton.

»Vielleicht ein bisschen mehr.«

Plötzlich stolpere ich in ein Loch. Ich kann so gut wie nichts sehen, aber ich erkenne, dass der Boden vor uns gepflügt ist. Offenbar ist hier kürzlich ein Traktor durchgefahren und hat tiefe Furchen gerissen. Nach ein paar Schritten bleiben wir stehen.

»Ich kann nicht weitergehen«, jammert Arisha.

Wieder sehen wir die Scheinwerfer eines näherkommenden Autos.

»Runter, Kopf runter«, befiehlt Anton. »Das sind die Grenzbeamten.«

Wir werfen uns auf den Boden. Aus Angst, aufzufallen, lagen wir still da und beobachten die herannahenden Scheinwerfer. Plötzlich halten sie an und bewegen sich dann in die entgegengesetzte Richtung.

»Das ist ein Traktor«, vermute ich.

Wir springen von dem feuchten Boden auf und laufen stolpernd weiter.

»Los, los, Mädels, beeilt euch«, fordert Anton uns auf.

Nach etwa dreihundert Metern halten wir an, um zu verschnaufen.

»Mami, gib mir etwas Wasser«, bittet Arisha und schüttelt Erdklumpen aus ihren Turnschuhen.

Ich gebe ihr die letzten zwei Schlucke Wasser, die am Boden der Plastikflasche übrig geblieben sind.

Weitere vier Stunden vergehen. Die ganze Zeit über laufen wir kreuz und quer über gepflügte Felder und verstecken uns ständig vor den Traktoren. Vor uns liegt ein dichter Wald, und links am Horizont sind die Lichter eines Dorfes zu sehen.

»Anton, nach meinen Berechnungen sind wir schon etwa fünf Kilometer gelaufen, nicht siebenhundert Meter«, sage ich ungläubig. »Wo haben Sie uns hingebracht?«

»Mädels, reißt euch zusammen«, flüstert Anton außer Atem. »Es ist auch für mich schwer, deine beiden Koffer zu schleppen. Dort müssen wir hin.«

Er zeigt auf den Wald.

Aber wir sind sichtlich erschöpft und reagieren nicht mehr auf seine Anweisungen. Wir scheinen die Grenze unserer Leistungsfähigkeit erreicht zu haben. Und wir können uns kaum mehr bewegen.

»Bring mich zurück nach Moskau«, jammert Arisha. »Meine Füße tun weh.«

»Und ich würde lieber ins Gefängnis gehen, als einen weiteren Schritt zu machen«, stöhne ich.

Meine Gedanken malen die düstersten Bilder. Ich denke darüber nach, dass wir es nicht vor Morgengrauen über die Grenze schaffen können, sollte sich einer von uns jetzt in der Dunkelheit ein Bein brechen. Und am Morgen werden uns die Grenzbeamten erwischen. Nach meinem wohlhabenden Leben in Moskau erinnert mich alles, was mir jetzt widerfährt, an eine Art endlosen Horrorfilm. Ich wünschte, ich würde erwachen und alles wäre vorbei.

Anton holt sein Handy heraus und versucht, ein Signal zu bekommen. Es gibt keine Verbindung.

»Kommt, lass uns aus der Senke verschwinden«, sagt er.

Wir erheben uns und folgen ihm, wobei wir ständig stolpern. Fünfhundert Meter später verkündet Anton erleichtert: »Ich habe Empfang!«

Er lässt die Koffer fallen und wählt eine Nummer.

»Wo sind Sie? Machen Sie das Licht an, wir können Sie nicht sehen«, sagt er ins Telefon.

Im Wald ist es immer noch stockdunkel.

»Wir bewegen uns auf den hellsten Stern zu, den gelben, und hinter uns ist der Schweif des Großen Wagens«, hebt Anton den Kopf zum Himmel. »Rechts von uns sind die Lichter von zwei Traktoren zu sehen, und links sieht es aus wie ein weiterer Traktor oder ein Auto.

»Sie sind jetzt auf dem Weg zu uns«, teilt Anton mit.

In der Nähe des Waldes sehen wir das Licht einer Taschenlampe. Wir nähern uns ihr erleichtert.

Aber es vergeht noch mindestens eine halbe Stunde, bis wir einen Mann in schwarzer Kleidung treffen. Er nimmt sich unsere Sachen und schreitet mit sicherem Schritt auf den Wald zu.

Das Gehen wird immer leichter. Die Ackerfurchen liegen hinter uns. Aber als wir den Wald betreten, bleiben unsere Füße im Morast stecken.

»Ihr müsst nur noch durch den Wald gehen, dann ist die Grenze da«, sagt der Fremde. »Passt auf, dass ihr nicht stolpert, ich gehe voraus und leuchte mit meiner Taschenlampe.« Wir gehen mit zusammengebissenen Zähnen weiter.

Nach einer Stunde ist die Straße durch Stacheldrahtzäune versperrt.

»Hier entlang«, sagt der fremde Mann leise und hebt den Draht hoch.

Arisha geht in die Hocke und klettert zuerst durch die Lücke. Ich krabbele ihr hinterher. Metallstachel bohren sich in meine Handflächen, aber vor lauter Adrenalin spüre ich keinen Schmerz.

Nach gut einem halben Kilometer sehen wir ein altes Auto an einem Waldweg stehen. Wir lassen uns auf den Rücksitz fallen und trinken gierig Wasser...

»Ich fühle mich, als hätte ich gerade zweimal den Bosporus durchschwommen oder die Hälfte der Ironman-Distanz zurückgelegt. Es war das beste Training, das die ich je hatte«, scherze ich bitter.

»Ja, eine Schlammschlacht mit Hindernissen und Koffern«, kommentiert Arisha unser Abenteuer und schaut auf ihre schwarzen Handflächen.

Wir lachen alle drei, aber unser Lachen ist eher hysterisch. Das Auto fährt auf den Hof eines Hauses am Rande eines Dorfes. Eine ältere Frau kommt uns entgegen. Nach einem kurzen Blick auf uns führt sie uns ins Badezimmer. Wir verbringen über eine Stunde damit, uns zu waschen und den Schmutz von unseren Koffern und Schuhen zu entfernen.

»Es ist gefährlich, hierzubleiben, die Grenze ist zu nah, in diesem Dorf kennt jeder jeden«, erklärt Anton. »Wir essen jetzt und machen uns auf den Weg.«

Draußen wird es langsam hell. Wir sitzen auf dem Rücksitz eines schwarzen Fords und schlafen auf der Stelle ein.

»Wir sind da, das ist das Ende unserer Reise«, weckt uns Anton. »Mir wurde gesagt, ich solle Sie hierher bringen.«

»Wieso das?«, frage ich. »Wir müssen in die Hauptstadt.« Anton zuckt überrascht mit den Schultern. Er führt uns in ein einstöckiges Backsteinhaus und sagt uns, wir sollen warten. Im Inneren sind wir nicht allein. Aus dem Nebenraum ist russische Sprache zu hören.

Es stellt sich heraus, dass im Zimmer nebenan drei junge Männer aus Moskau wohnen. Sie sind auf der Flucht vor der Mobilisierung. Unsere Betreuerin bittet mich, den Raum nicht zu verlassen, weil sie mich erkennen könnten. Das Internet ist bereits voll von Nachrichten über meine Flucht.

Ich finde online einen Fahrer, der sich bereit erklärt, uns sofort in die Hauptstadt zu bringen.

»Ich weiß schon gar nicht mehr, im wievielten Auto wir sitzen«, wundert sich Arisha, als sie in den silbernen Geländewagen steigt.

»Es ist das siebte und hoffentlich letzte«, stelle ich klar.

Am dritten Tag nach der Flucht halten wir vor einem großen Wohnhaus. Wir verbergen unsere Gesichter vor den Kameras und laufen schnell hinein. Dort wartet man bereits auf uns. Zum ersten Mal fühlen wir uns sicher und geborgen.

Ein russisches Gericht hat meine elterlichen Rechte eingeschränkt. In dem Gerichtsurteil heißt es, dass die Kinder bei ihrem Vater leben sollten, weil »die Mutter politisch aktiv ist«. Ich habe keinen Zweifel, dass das Urteil von oben diktiert wurde.

Glücklicherweise war ich zu diesem Zeitpunkt bereits nicht mehr in Russland, das von PACE (Parlamentarische Versammlung des Europarates) und dem Europäischen Parlament als staatlicher Sponsor des Terrorismus anerkannt wurde.

Ich stand mit meinem Koffer in der Mitte eines kleinen Flughafens. Wir reisten von einem Land zum anderen. Ich kann Ihnen noch nicht alle Einzelheiten meiner Flucht verraten. Aber hoffentlich wird es eines Tages, wenn Russland den Fluch des Putin-Regimes abschütteln konnte und wieder Teil der freien Welt wird, etwas zu erzählen geben. Ich versichere Ihnen, mein Leben ist interessanter als der spannendste Politthriller.

Ein schwarzes Auto kurvt durch die engen, belebten Straßen von Paris. Wir fahren zum Büro von »Reporter ohne Grenzen«. Der Beitrag dieser Organisation zu unserer Flucht war wirklich in jeder Beziehung grenzenlos.

»Setzen Sie Ihre Maske auf«, unterbricht eine Männerstimme meine Überlegungen. »Wir fahren durch einen Torbogen, dort wartet ein anderes Auto auf uns.

Als ich in das andere Auto einsteige, bin ich wieder in meine eigenen Gedanken vertieft.

Der Krieg hat mein Leben zum zweiten Mal auf den Kopf gestellt. Zuerst haben russische Truppen mein Haus in Grosny dem Erdboden gleichgemacht. Jetzt hat der Kreml mich nicht nur meines Zuhauses, sondern auch meiner Familie und meines Heimatlandes beraubt. Nur das Wichtigste konnten sie mir nicht nehmen – meine Freiheit.

Wenn mir jemand gesagt hätte, dass ich nach fast 30 Jahren wieder ein Flüchtling sein würde, hätte ich das nie geglaubt. Ich muss mein Leben von Grund auf neu beginnen. Ich weiß nicht, wie dieser Krieg enden wird oder was vor uns liegt. Ich bin mir nicht sicher, ob ich meine Mutter und meinen Sohn bald wieder in die Arme schließen kann, oder ob ich jemals wieder in das Haus zurückkehren kann, das ich mir so hart und liebevoll aufgebaut habe. Aber ich bin absolut sicher, dass mich niemand jemals wieder zwingen wird, zu lügen und die zahlreichen Verbrechen des Putin-Regimes zu rechtfertigen.

Zum Glück ist meine Tochter bei mir. Und es gibt mir Kraft, dass viele, viele Menschen uns in dieser schwierigen Zeit geholfen haben. Ich bin ihnen auf ewig dankbar. Wenn ich an sie denke, muss ich lächeln. Sie sind meine Zuversicht, dass das Böse nicht gewinnen kann, dass die Macht auf der Seite des Lichts steht.

Epilog

Manchmal frage ich mich: Hätte ich nicht auch schweigen können? Wie Millionen von Russen, die vor Angst gelähmt sind, die einfach so tun, als ob nichts Schreckliches passiert ist und weiterarbeiten? Nein, das konnte ich nicht.

Ich habe enorme Schuldgefühle gegenüber den Ukrainern, seit die Bomben auf sie fallen. Es war mir unmöglich, in unserer gemütlichen, sicheren Welt ruhig zu sitzen und so zu tun, als sei alles in Ordnung. Es war notwendig, der ganzen Welt laut und unter Lebensgefahr zu sagen: »Der Kaiser ist nackt!«

Putin hat ein riesiges Lügengebäude um sich herum errichtet, aber es ist nur eine Pappkonstruktion, um seine Nacktheit und Hilflosigkeit zu verdecken. Und diese Konstruktion wird bald in sich zusammenfallen und das Erwachen wird furchtbar sein. Die Russen werden erkennen, dass Putin in Wirklichkeit Staatsverrat begangen und Russland zerstört hat, indem er dem Land eine normale Zukunft nahm. Seine Politik basiert auf ständigen Lügen, Manipulation und maßloser Heuchelei!

Alle seine erklärten Kriegsziele sind gescheitert, und Russland ist zu einem Schurkenstaat mit einer rückläufigen Wirtschaft und einer sich verschlechternden demografischen Situation geworden. Russland ist jetzt für die ganze Welt ein terroristischer Staat, der eine ständige militärische Bedrohung darstellt und gegen den man sich zusammenschließen muss. So wie einst das Wort »Deutschland« nicht mehr mit Goethe, Bach oder den großen deutschen Gelehrten in Verbindung gebracht wurde, sondern mit einem Wahnsinnigen namens Hitler, den Nazis und dem Holocaust, so steht heute hinter allem, was das Adjektiv »russisch« trägt, nur Tod, Zerstörung, Aggression und Lügen. Und das auf lange Sicht!

Die Vergleiche zwischen Putin und Hitler, dem modernen Russland und dem Dritten Reich sind nur allzu offensichtlich. Russland ähnelt heute am ehestem dem Deutschland von 1944: Die militärische Niederlage des Führers stand noch bevor, aber Deutschland und die deutsche Kultur, wie die Welt sie seit Jahrhunderten kannte, gab es nicht mehr. Erstaunlicherweise ist Deutschland wiedergeboren worden. Vielleicht kann Russland dies auch gelingen. Zumindest setze ich große Hoffnungen in die Menschen. Ich glaube, dass mein Land das düsterste Szenario vermeiden kann und nicht den Weg in einen Bürgerkrieg und den endgültigen Zusammenbruch einschlägt. Die Angst vor einem Bürgerkrieg ist seit den turbulenten 1990er-Jahren in den Seelen der Russen verankert, und sie erklärt den sklavischen Gehorsam und die Bereitschaft aller, Putin bis zum Ende zu folgen.

George Orwell schrieb, die beste Art, einen Krieg zu beenden, sei, ihn zu verlieren. Ich möchte, dass Russland diesen Krieg so schnell wie möglich verliert und die Ukraine alle annektierten Gebiete zurückerhält. Ich möchte, dass so schnell wie möglich ein internationales Tribunal eingerichtet wird, um alle Verbrechen des Putin-Regimes zu untersuchen und alle an diesem Krieg Beteiligten auf die Anklagebank zu setzen.

Ich hoffe, dass Russland von der deutschen Erfahrung profitieren kann, ein schwieriges historisches Erbe neu zu überdenken. Die Entwicklung Deutschlands nach dem Zweiten Weltkrieg könnte durchaus als Modell angesehen werden. Sobald dieser Krieg vorbei ist, bin ich bereit, dabei zu helfen, alles, was die russischen Truppen in der Ukraine zerstört haben, wieder aufzubauen. Ich kenne viele Russen, die auch ihre Hilfe anbieten werden.

Danksagung

Dieses Buch basiert vollständig auf wahren Begebenheiten. Ich bitte alle meine Kritiker, nicht zu streng mit mir zu sein. Dies ist meine erste Erfahrung mit dem Schreiben eines umfangreicheren Werkes, bisher waren es journalistische Artikel und Berichte.

Mein Bericht ist wahrscheinlich ein wenig zu emotional. Ich begann mit dem Schreiben des Buches in Moskau, als ich unter Hausarrest stand und man versuchte, mir mein Kind wegzunehmen. Das Gerüst des Buches war in nur wenigen Wochen fertig.

Ich hatte es sehr eilig, denn dunkle Wolken zogen auf mit der realen Aussicht, ins Gefängnis zu kommen. Später, als wir außerhalb Russlands in Sicherheit waren, überarbeitete ich den Text und fügte wichtige Fakten und Details hinzu.

Ich bin allen unendlich dankbar, die mir in dieser schwierigen Zeit geholfen haben.

Mein ganz besonderer Dank geht an:

… die französischen Behörden und persönlich an den französischen Präsidenten Emmanuel Macron für das Angebot von politischem Asyl und diplomatischem Schutz unmittelbar nach meinem Anti-Kriegs-Protest;

… den Generalsekretär von »Reporter ohne Grenzen«, Christophe Deloire, für unsere unglaubliche Rettung;

… den Rechtsanwalt Dmitri Sachwatow für seine juristische Verteidigung und Unterstützung;

… den Schriftsteller und Journalisten Nick Holdsworth von France 24, der uns geholfen hat, viele Dinge neu zu überdenken;

… den Leiter der Cinema for Peace Foundation, Jaka Bizilj, für seine Unterstützung und Hilfe in Berlin;

… den Chefredakteur der *Welt*, Ulf Poschardt, für seine Unterstützung;

… Kristina Paschkowa dafür, dass sie für mein Kind gekämpft und mich davor bewahrt hat, unter Hausarrest zu verhungern;

… meine ehemalige Kollegin Shanna Agalakowa, die mich mit den richtigen Leuten in Kontakt gebracht und mir gezeigt hat, wie man die besten französischen Baguettes auswählt;

… den Astrologen und Mitbegründer von NTV Russia, Solomon Solowjow, und den ehemaligen Medienmanager Alexandr Rudnew für ihren unerschöpflichen Odessa-Humor und ihre Fähigkeit, Optimismus zu verbreiten;

… meine Buchagentin Christine Proske und den ehemaligen Medienmanager Alexandr Kostjuk für ihre Hilfe bei der Vorbereitung dieses Buches;

… die Kommunikationsdirektorin von Women's Forum, Emmanuelle Errera, für ihre Unterstützung;

… die Rechtsanwälte Sergej Badamshin, Anton Gaschinskij und Henri Ziskarischwili für ihre juristische Unterstützung.

Vielen Dank an meine Familie. Und an meine vielen, vielen Freunde in Russland, der Ukraine und anderen Teilen der Welt, deren Namen ich aus Sicherheitsgründen nicht nennen kann. Ich liebe euch alle sehr!